محاکمه‌ی دولت آمریکا

پلیس سیاسی واشنگتن و طبقه‌ی کارگر

درباره‌ی طرح روی جلد

طراح: کارول کارُن[1]
عکس‌های روی جلد، از بالا سمت چپ، به ترتیب در جهت عکس عقربه‌های ساعت:

۱- رییس جمهور، فرانکلین روزولت[2]، در حال سخنرانی در اکتبر ۱۹۳۷ با عنوان "قرنطینه کردن مهاجم". نقطه‌ی عطفی در تدارک سیاسی حاکمان ایالات متحده برای آنچه به خونریزی امپریالیستی جنگ جهانی دوم تبدیل شد. عکس از تصاویر گِتی[3].

۲- ده هزار تن کارگر بیکار، که رهبری اتحادیه‌ی تیمسترها آن‌ها را سازماندهی کرده بود، در مقابل حمله‌ی پلیس ایستادگی می‌کنند و خواستار افزایش مزایای دریافتی از دولت فدرال می‌شوند. مینیاپولیس، مینه سوتا، آوریل ۱۹۳۴، عکس از "جامعه‌ی تاریخی مینه سوتا".

۳- سند محرمانه‌ی اف‌بی‌آی مربوط به دوران جنگ جهانی دوم. اف‌بی‌آی رهبران جنبش استقلال‌طلبانه را در پورتوریکو، مستعمره‌ی ایالات متحده، هدف تهاجم خود قرار می‌دهد.

۴- اعتصاب کارگران شبکه‌ی تخلیه فاضلاب در شهر ممفیس در ایالت تنیسی در سال ۱۹۶۸، در آخرین مراحل مبارزه برای تثبیت شکست جیم کرو[4]، سیستم تبعیض نژادی علیه سیاهان.

---

1 Carole Caron
2 Franklin Roosevelt
3 Getty Images
4 Jim Crow

محاکمه‌ی دولت آمریکا

پلیس سیاسی واشنگتن و طبقه‌ی کارگر

لَری سیگل، فارل دابز، استیو کلارک

نشر طلایه پُرسو

سرشناسه	:	سیگل، لاری ج. .Siegel, Larry J
عنوان و نام پدیداور	:	محاکمه‌ی دولت امریکا: پلیس سیاسی واشنگتن و طبقه‌ی کارگر/ لری سیگل، فارل دابز، استیو کلارک؛ ترجمه‌ی مسعود صابری.
مشخصات نشر	:	تهران : نشر طلایه پرسو، ۱۳۹۴.
مشخصات ظاهری	:	۱۸۴ ص.؛ ۲۱/۵×۱۴/۵ س‌م.
شابک	:	۱۲۰۰۰۰ ریال: 978-964-5783-33-2
وضعیت فهرست نویسی	:	فیپا
یادداشت	:	عنوان اصلی: 50years of covert operations in the U.S: [Washington's political police and the American working class], 2014
موضوع	:	دابز، فارل، ۱۹۰۷ - ۱۹۸۳م.
موضوع	:	کلارک، استیو، ۱۹۴۸ - م.
موضوع	:	سوسیالیسم -- ایالات‌متحده -- تاریخ -- قرن ۲۰م
موضوع	:	کمونیسم -- ایالات متحده -- تاریخ -- قرن ۲۰ م.
موضوع	:	جاسوسی -- ایالات متحده
شناسه افزوده	:	دابز، فارل، ۱۹۰۷ - ۱۹۸۳م.
شناسه افزوده	:	Dobbs, Farrell
شناسه افزوده	:	کلارک، استیو، ۱۹۴۸ - م.
شناسه افزوده	:	Clark, Steve
شناسه افزوده	:	صابری، مسعود، ۱۳۳۰ - ، مترجم
رده بندی کنگره	:	۱۳۹۴ ۳م۹س/HX۸۳
رده بندی دیویی	:	۳۳۵/۰۰۹۷۳
شماره کتابشناسی ملی	:	۳۹۸۷۷۸۶

این اثر ترجمه‌ای است از کتاب

50 years of covert operations in the US
Wasington's political police and the American working class
by: Steve Clark، Farrel Dobbs،Larry Seigle
Pathfinder Press, 2014, ISBN: 978-1-60488-063-2

محاکمه‌ی دولت آمریکا،

پلیس سیاسی واشنگتن و طبقه‌ی کارگر

لَری سیگل، فارل دابز، استیو کلارک

ترجمه‌ی : مسعود صابری

ناشر: نشر طلایه پُرسو

تیراژ: ۵۰۰

نوبت چاپ : دوم / ۱۳۹۷

حروف‌چینی : طلایه پُرسو

آماده‌سازی چاپ: دیجیتال آنلاین ـ چاپ: طرح و نقش نوین

info@talayeporsoo.com/ ntalaye_p@yahoo.com
www.talayeporsoo.com
تهران، صندوق پستی ۳۴۳- ۱۳۹۵۵ تلفکس: ۶۶۰۳۹۶۲۳- ۰۲۱
تهران- خیابان آزادی- خیابان حبیب‌اله - بلوار شهید تیموری-کوچه ابراهیمی-کوچه خورشید-پلاک۶ - طبقه ۱

شابک ۲-۳۳-۵۷۸۳-۹۶۴-۹۷۸

۲۲۰۰۰ تومان

فهرست

یادداشت ناشر

آنچه در این کتاب می‌خوانیم تشریح یک فرآیند نادر در حیات سیاسی و اجتماعی یک کشور است.

در سال ۱۹۷۳ یک حزب سوسیالیست در ایالات متحده بر علیه دولت آن کشور در دادگاه اقامه‌ی دعوا و دولت را متهم کرد که دستگاه پلیس سیاسی‌اش مخفیانه در آن حزب جاسوسی و در فعالیت‌های روزمره حزب ایجاد اختلال کرده و حقوقی را که قانون اساسی تضمین کرده، زیر پا گذاشته است.

جریان محاکمه دولت پانزده سال طول کشید. و در انتها دولت ایالات متحده محکوم شد. یک قاضی فدرال در شهر نیویورک حکمی صادر کرد و دستور داد که اف‌بی‌آی و دیگر سازمان‌های پلیسی فدرال مجاز نیستند هیچ‌یک از اسنادی را که دولت با استفاده از طرقی بدست آورده که ناقض قانون اساسی ایالات متحده و متمم‌هایش هستند، استفاده یا منتشرشان کنند و یا محتوایشان را فاش کنند.

می‌خوانیم که حصول این موفقیت و کمپین سیاسی‌یی که حزب کارگران سوسیالیست طی محاکمه سازماندهی کرد، از حمایت گسترده‌ای برخوردار شد و سلاح دیگری در اختیار اتحادیه گرایان، مبارزان حقوق سیاهان، سازمان اتحاد جوانان سوسیالیست و در میان استثمارشدگان و ستمدیدگان قرار داد تا آن را برای دفاع بهتر از حقوق اساسی خودشان بکار گیرند.

در مقدمه‌ای که استیو کلارک به این کتاب نوشته توضیح می‌دهد که:

> دولت مدام تلاش کرد تا ثابت کند که حزب برای اذهان عمومی یک نوع از مطالب را مطرح می کرد، اما در جلساتش در پشت درهای بسته‌ی حزبی به مطالب دیگری می پرداخت. آن‌ها سعی کردند ثابت

> کنند که حزب ساختار دوگانه‌ای داشته است، یکی برای اهداف علنی و دیگری برای آنچه از اذهان مخفی بود. در تک تک موارد، حقایق عکس این را ثابت کرد. گرچه یک حزب کارگری حق دارد، در واقع مسئولیت دارد، که از حریم خصوصی اعضا و حامیانش در مقابل کارفرمایان و پلیس حفاظت کند، اما هیچ حقی ندارد که ایده‌ها، روش‌ها و مفاهیم سازمانی‌اش را از زحمتکشان مخفی نگاه دارد.... معلوم شد که کاخ سفید و اف‌بی‌آی هستند که اهداف و روش‌های واقعی‌شان را مخفی نگاه می‌دارند، نه حزب کارگران سوسیالیست.

او در این مقدمه به شرح وقایع سیاسی امروز و عملکرد دولت‌ها پس از صدور رأی دادگاه می‌پردازد و تأکید می‌کند که:

> تصمیم دادگاه فدرال در سال ۱۹۸۶مبنی بر اینکه رییس‌جمهور ایالات متحده "اختیار آن را ندارد که مغایر قانون اساسی عمل کند" امروزه با توسعه‌ی مستمر قدرت مجریه و پلیس در تقابل قرار گرفته است؛ طی چهار دوره‌ی ریاست جمهوریِ جمهوری‌خواهان و دموکرات‌ها، از زمان صدور حکم تا حال حاضر: در زمان جورج بوشِ پدر، ویلیام کلینتون، جورج بوشِ پسر و باراک اوباما.

نشر طلایه پرسو این کتاب را همراه کتاب دو جلدی *محاکمه‌ی سوسیالیسم* منتشر می‌کند. *محاکمه‌ی سوسیالیسم* روایت یکی از مهمترین محاکمات سیاسی است که در آستانه‌ی جنگ دوم جهانی در ایالات متحده، تحت ریاست جمهوری فرانکلین روزولت، برگزار شد. متهمین از رهبران اتحادیه‌های کارگری و سوسیالیستی بودند، که با ورود آمریکا به آن جنگ، بعنوان یک جنگ امپریالیستی، مخالفت می‌کردند. نهایتاً هیجده تن از متهمین، به اتهام توطئه برای شورش، زندانی شدند.

این کتاب ترجمه‌ی فارسی کتاب *پنجاه سال عملیات مخفی در ایالات متحده، پلیس سیاسی واشنگتن و طبقه‌ِی کارگر آمریکا* است که انتشارات پاث‌فایندر در سال ۲۰۱۴ در نیویورک منتشر کرد.

این کتاب و کتاب *محاکمه‌ی سوسیالیسم* اطلاعات و تصویر نایابی در رابطه با تاریخ، سیاست و جامعه‌ی آمریکا در اختیار خواننده قرار می‌دهند و امیدواریم که مورد توجه و استفاده‌ی متخصصین حقوق، سیاست و جامعه‌شناسی قرار گیرند. همچنین امیدواریم که برای عموم نیز مثمر ثمر باشند.

مقدمه

در اوت ۱۹۸۷ یک قاضی فدرال منطقه‌ای در شهر نیویورک حکمی صادر کرد و دستور داد که اف‌بی‌آی و دیگر سازمان‌های پلیسی فدرال مجاز نیستند، هیچ‌یک از اسنادی را که دولت با استفاده از طرقی بدست آورده که ناقض قانون اساسی ایالات متحده و نافی "منشور حقوق" هستند، "استفاده یا منتشرشان کنند و یا محتوایشان را فاش کنند."[۱]

حکم صادره با تصمیمی در ارتباط بود که قاضی توماس گریسا[۲] یک سال پیش از آن در اوت ۱۹۸۶ اتخاذ کرد و آن‌هم پیرو شکواییه‌ای بود که حزب کارگران سوسیالیست در سال ۱۹۷۳ به دادگاه ارایه داده بود. هدف حزب، افشای خبرچینی‌های مخفیانه‌ی پلیس سیاسی فدرال علیه حزب کارگران سوسیالیست و ایجاد اختلال در فعالیت‌هایش بود. حزب درصدد آن بود تا بدینوسیله به بسیج مخالفت علیه نقض حقوق مندرج در قانون اساسی ایالات متحده بپردازد که نه تنها علیه حزب و سازمان اتحاد جوانان سوسیالیست، بلکه همچنین علیه سایر سازمان‌ها و افرادی صورت می‌گرفت که دولت آمریکا آن‌ها را هم مخفیانه هدف قرار داده بود.

گرچه وزارت دادگستری بلافاصله اعتراضش را بعد از تصمیم گریسا در سال ۱۹۸۶ به ثبت رساند، تا برای حکم صادره درخواست استیناف کند، هنوز دو سال نگذشته بود که دولت درخواست‌اش را پس گرفت.

---

۱ "منشور حقوق" Bill of Rights نام تجمیعیِ ده الحاقیه‌ی افزوده شده بر قانون اساسی ایالات متحده در سال ۱۹۷۱ است که آزادی بیان، آزادی تجمع و آزادی عبادت را تضمین می‌کند.م.

2 Judge Thomas Griesa

نبرد پانزده ساله‌ی حزب کارگران سوسیالیست، برخوردار از حمایت هزاران تن، که منجر به آن حکم دادگاه فدرال شد، ثبت یک پیروزی برای طبقه‌ی کارگر بود. علاوه بر این‌ها، آن پیروزی هنوز هم پابرجاست و تا همین امروز، بعد از گذشت چهل سال از زمانی که شکواییه تقدیم دادگاه شد، تأثیر مستقیم‌اش را برجای گذاشته است.

مقاله‌ی آغازین این کتاب ـ *پنجاه سال عملیات مخفی در ایالات متحده، پلیس سیاسی واشنگتن و طبقه‌ی کارگرآمریکا* اثر لَری سیگل ـ شرحی است از آن نبرد حزب کارگران سوسیالیست و متحدین‌اش. آنچه رخ داد، ابتکار سیاسی بی‌سابقه‌ای بود. یک سازمان کمونیست داشت علیه حکومت سرمایه‌داری اقامه‌ی دعوا می‌کرد، بجای آنکه مجبور شود در مقابل پرونده‌سازی جعلی پلیس‌ها و دادستان‌ها از خودش و اعضایش دفاع کند. کارگران کمونیست ــ همراه با همقطارانشان در اتحادیه‌های کارگری، کشاورزان و حامیان حقوق مدنی ـ مدعی بودند و سازمان‌های حکومتی *متهم*. نه برعکس.

کمپین سیاسی‌یی که حزب کارگران سوسیالیست سازماندهی و رهبری کرد و از حمایت گسترده‌ای برخوردار شد، سلاح دیگری در اختیار اتحادیه‌گرایان، مبارزان حقوق سیاهان و سایرین در میان استثمارشدگان و ستمدیدگان قرار داد تا آن را برای دفاع بهتر از حقوق قانون اساسی خودشان بکار گیرند. از همه مهم‌تر اینکه کمک کرد تا فضای سیاسی برای زحمتکشان باز بماند، تا خارج از حیطه‌های انتخاباتی و قضایی سخن بگویند، متشکل شوند و عمل کنند ـ تا در قلمرو خودمان مبارزه کنیم، در کارخانه‌ها، در صف اعتصاب و در خیابان‌ها.

تعدادی از کهنه‌سربازان کمونیست ــ که پاپوش‌دوزی‌های حکومت و حملات علیه کارگران مبارز را طی ده‌ها سال دست‌اول تجربه کرده بودند ـ در ابتدا درباره‌ی انجام چنین اقدامی مردد بودند. آیا چنین شکایتی به پیشواز گرفتاری و دردسر رفتن نبود؟ چرا باید جریانی را به حرکت درآوریم

که آخرش به احضار رهبران حزب برای شهادت در دادگاه ختم خواهد شد؟ چرا باید خودمان کاری کنیم که سر از دادگاه بورژوازی درآوریم؟

چنین رفتار محتاطانه‌ای در میان برخی از اعضای سابق حزب کمونیست و سایرینی که در محیط حزب کمونیست بسر می‌بردند حتی از این هم شدیدتر بود؛ همان‌هایی که فرقه‌گراییِ به بن‌بست رسیده‌شان علیه حزب کارگران سوسیالیست در طول زمان فروکش کرده بود. اما، از اینکه علناً به عنوان یک کمونیست فعالیت سیاسی کنند ابا داشتند، چه برسد به اینکه به عنوان یک کمونیست در مقابل دادستان‌های فدرال و قاضی بایستند. آن‌ها از جمله ابا داشتند که تاریخ و سوابق سیاسی حزبشان را در معرض بررسی انتقادی عموم قرار دهند.

اما، رهبران مرکزی حزب کارگران سوسیالیست، از قدیمی‌ترین تا جدیدترین نسل، متقاعد شده بودند که نگرش کارگران و کشاورزان در ایالات متحده، بر اثر پیروزی‌های سیاسی جنبش حقوق سیاهان، بسیج‌های ضد-جنگ ویتنام و سایر مبارزات، در حال تغییر است. حاکمان سرمایه‌دار و حکومت‌شان به لحاظ سیاسی در حالت تدافعی قرار داشتند و این حاصل پیدایش شناخت از خبرچینی‌های پلیس، اقدامات ایذایی و اختلال علیه زحمتکشان و جوانانی بود که درگیر این مبارزات بودند. برای حاکمان، تمام این‌ها در سال ۱۹۷۳ با افشاگری‌های بسیار گسترده‌ای درباره‌ی جریان "واترگیت"[1] ترکیب شد. جریانی که شنودها و دستبردهای لجام گسیخته‌ی هیأت دولت ریچارد نیکسون[2] علیه رقبای داخلی‌اش در عرصه‌ی سیاست‌های سرمایه‌داری را بر ملا کرد.

رهبران کمونیست، با ارزیابی همه‌ی این جریانات، نتیجه‌گیری کردند که شرایط برای چنین کمپینی به نحوی غیرعادی مساعد شده است. حزب

---

1 "Watergate"

2 Richard Nixon

کارگران سوسیالیست هرگز به زحمتکشان، خواه در ایالات متحده باشد یا هرجای دیگری از جهان، دروغ نمی‌گوید. تاریخ و سوابق سیاسی‌اش برای رؤیت همگان باز است. چیزی برای مخفی کردن ندارد. با توجه به اینکه این نتیجه‌گیری‌ها طی پانزده سال بعد در حیات واقعی مهر تأیید خورد، شک و شبهه‌ها و تردیدهای اولیه به احترام و حمایت از خط‌مشی سیاسی حزب کارگران سوسیالیست در این مبارزه تبدیل شدند.

بعد از آنکه بیش از هفت سال صرف کشفیات ماقبل محاکمه شد، اقامه‌ی دعوا در آوریل ۱۹۸۱ به دادگاه رفت. رسیدگی دوازده هفته طول کشید. تصمیم فراگیر دادگاه در سال ۱۹۸۶ به نفع کیفرخواست حزب کارگران سوسیالیست اعلام داشت که هیچ‌گونه مدارک و شواهدی وجود ندارد که نشان دهد "خبرچین‌های اف‌بی‌آی هرگز موردی را گزارش کرده باشند، دال بر اینکه" حزب یا اعضایش "توطئه، خشونت و [یا] تروریسم را برنامه‌ریزی کرده و یا در عمل پیاده کرده باشند." به گونه‌ای بی‌سابقه و برای اولین بار دادگاه فدرال حکم کرد :

- که بکارگیری خبرچین‌های اف‌بی‌آی و سایر خبرچینان برای نفوذ به داخل سازمان‌ها و خبرچینی علیه افرادی که در فعالیت‌های سیاسی درگیر هستند، از جمله کمونیست‌ها و سایر مبارزان طبقه‌کارگری، نقض حقوق حریم خصوصی و آزادی تشکل مندرج در "منشور حقوق" است (در طول محاکمه، دولت قبول کرد که فقط اف‌بی‌آی به تنهایی ــ بدون احتساب سازمان سیا و اطلاعات ارتش و سایر نهادهایی که جزو متهمین در دادگاه بودند ـ بیش از ده میلیون صفحه در پرونده‌های سوسیالیست‌ها جمع‌آوری و یا از طریق سرقت ذخیره کرده‌اند)؛
- که دستبردهای پلیس‌ها برای سرقت یا نسخه‌برداری از اسناد یا نصب دستگاه‌های شنود، نقض مصونیت مندرج در متمم چهارم قانون اساسی علیه "تجسس و ضبط بی‌رویه" است (اف‌بی‌آی قبول کرد که حداقل دویست و

چهار بار "عملیات توبره سیاه"[۱] را در دفاتر حزب فقط بین سال‌های ۱۹۴۵ تا ۱۹۶۶ اجرا کرده است)؛ و

- اینکه ایجاد اختلال دزدکی در فعالیت‌های حزب و زندگی اعضا و هوادارانش، نقض قانون است (مثال‌های عدیده‌ای از این‌گونه رفتار ایذایی در دو کتاب که هر دو را انتشارات پات فایندر منتشر کرده آمده است: *محاکمه‌ی اف بی آی: پیروزی کیفرخواست حزب کارگران سوسیالیست علیه جاسوسی حکومت*[۲] با ویرایش مارگارت جیکو و *کوینتل‌پرو: جنگ مخفیانه‌ی اف‌بی‌آی علیه آزادی سیاسی* نوشته‌ی نلسون بِلَک‌استاک)[۳].

پیرو این تصمیمات، یک‌سال بعد از آن، قاضی گریسا "در رابطه با اسنادی که حکومت از طریق فعالیت‌هایی که به وضوح غیرقانونی بودند بدست آورده" حکم را صادر کرد. قاضیِ فدرال قدغن کرد که از چنین پرونده‌هایی "استفاده شود، یا منتشر شوند یا متهم آن‌ها را رونمایی کند ... بنا بر هر دلیلی، بجز در راستای اطاعت از حکم صادره در این دادگاه، یا درخواست کتبی برایش، یا طی مراحل قانونی در صورت وجود درخواستی بر مبنای *قانون آزادی دسترسی به اطلاعات*[۴]."

• • •

پنجاه سال عملیات مخفی در ایالات متحده، پلیس سیاسی واشنگتن و طبقه‌ی کارگر آمریکا نخستین بار در سال ۱۹۸۷ در مجله‌ی مارکسیستی *نیواینترنشنال* منتشر شد و سال بعد هم به صورت کتاب کوچکی به زبان اسپانیایی ترجمه شد. همانطور که در متن آمده است، مقاله زمانی نوشته

1 "Black bag jobs"

2 *FBI on Trial: The Victory in the Socialist Workers Party Suit against Government Spying*, edited by Margaret Jayko

3 *Cointelpro: The FBI's Secret War on Political Freedom* by Nelson Blackstock

4 Freedom of Information Act

شده که قاضی گریسا هنوز در مورد تمامی نکات مطروحه در کیفرخواست تصمیم نهایی‌اش را نگرفته بود و پیش از آن بود که دولت در سال ۱۹۸۸ از درخواست استیناف دست بردارد.

در پی این نتیجه‌ی حاصل از نبرد پانزده ساله‌ی حزب کارگران سوسیالیست، دو نقطه‌ی عطف دیگر نیز به سابقه‌ی دیرینه‌ی حزب در دفاع از حقوق سیاسی زحمتکشان، از جمله دفاع از اعضای خودش، افزوده شد.

در ۴ مارس ۱۹۸۸ مارک کرتیس[1]، یکی از اعضای حزب کارگران سوسیالیست و کارگر کارخانه بسته‌بندی گوشت اس‌ویفت در شهر دس‌موینِس در ایالت آیووا، دستگیر و تحت ضرب و شتم شدید پلیس قرار گرفت؛ این واقعه درست چند ساعت بعد از آن اتفاق افتاد که او در همایشی شرکت کرد که برای دفاع از هفده همقطارش برگزار شده بود. آن هفده تن را پلیس اداره‌ی مهاجرت در یورشی به کارخانه دستگیر و تهدید کرده بود که از ایالات متحده اخراجشان خواهد کرد. اتهام پاپوش‌دوزانه‌ی وارده بر مارک کرتیس تجاوز جنسی و سرقت بود. او در سپتامبر ۱۹۸۸ محاکمه شد. یک کمپین گسترده‌ی بین‌المللی از مقامات ایالت آیو وا خواست تا اتهامات وارده را پس بگیرند و ـ سپس بعد از آنکه مارک کرتیس به بیست و پنج سال زندان محکوم شد ـ خواستار آزادیش از زندان شدند. او در سال ۱۹۹۶ مشمول آزادی مشروط و از زندان آزاد شد.

یک هفته قبل از شروع دادگاه کرتیس، حزب کارگران سوسیالیست در یک کمپین دفاعی دیگری هم پیروز شد؛ پیروزیی که یازده سال برایش مبارزه کرده و از حمایت گسترده‌ای برخوردار شده بود. در ۳۱ اوت، وزارت خارجه‌ی ایالات متحده برای همیشه از همه‌ی تلاش‌های دولت برای اخراج هکتور ماراکین[2] دست کشید و به او اقامت دایم داد. هکتور ماراکین متولد مکزیک و عضو سازمان

---
1 Mark Curtis
2 Héctor Marroquín

اتحاد جوانان سوسیالیست و حزب کارگران سوسیالیست و یکی از شاکیان در کیفرخواست حزب بود.

• • •

تصمیم دادگاه فدرال در سال ۱۹۸۶ مبنی بر اینکه رییس‌جمهور ایالات متحده "اختیار آن را ندارد که مغایر قانون اساسی عمل کند" امروزه با توسعه‌ی مستمر قدرت مجریه و پلیس در تقابل قرار گرفته است؛ طی چهار دوره‌ی ریاست جمهوری جمهوری‌خواهان و دموکرات‌ها از زمان صدور حکم تا حال حاضر: در زمان جورج بوشِ پدر، ویلیام کلینتون[1]، جورج بوشِ پسر و باراک اوباما.

کاخ سفید اوباما ـ و قشر شایسته سالار، آکادمیسین‌ها و سایر افراد بورژوااندیش که دولت او کارگزارانش را از میانشان سربازگیری می‌کند و پشتیبانی‌اش را سازمان می‌دهد ـ دارد این گرایشِ مستمر افزایش قدرت قوه‌ی مجریه و پلیس را به سطوح بالاتری می‌برد. رییس‌جمهور در یک مصاحبه با برنامه‌ی "شصت دقیقه"[2] با خبرگزاری سی بی اس در دسامبر ۲۰۱۱ اعلام کرد "هرجا که فرصتی برایمان پیش بیاید و من از اقتدار قوه‌ی مجریه برای اقدام برخوردار باشم و بتوانم کارهایی را انجام دهم، ما صرفاً جلو خواهیم رفت و 'کارو' پیش خواهیم برد."

وقایع ثبت شده مؤید کلام اوست ـ از افزایش شتاب (و توجیه سیاسیِ) شنودها و ردیابی‌های تلفن و اینترنت در ایالات متحده و خارج از این کشور گرفته؛ تا بیش از ۴۰۰ حمله‌ی جنایت‌بارِ "تأیید نشده‌ی" هواپیماهای بدون سرنشین (پهبد) از اوایل سال ۲۰۰۹ در پاکستان، یمن و سومالی؛ تا افزایش واضح اخراج مهاجرین و "هجوم بی‌سر و صدا" علیه کارگران فاقد اسناد

---

1 William Clinton
2 Sixty Minutes

هویت رسمی در کارخانه‌ها و سایر مراکز اشتغال؛ تا هدف قرار دادن حزب "تی پارتی"[1] و سایر گروه‌های محافظه‌کار توسط اداره‌ی مالیات[2]؛ تا افزایش نظارت بر ایمیل و ضبط تلفن‌های خبرنگاران و کیفرخواست جنایی علیه منابع ایشان، در لوای قانون "توطئه" مصوب سال ۱۹۱۷. چنین گرایشی را همچنین می‌شود در جریمه‌های سنگین‌تر علیه شرکت‌های آمریکایی و خارجی مشاهده کرد که متهم هستند به نقض تحریم‌های واشنگتن علیه کوبا و یا تشدید تحریم‌های یک طرفه علیه ایران؛ تا گریز از نظارت کنگره بر انتصاب مقامات توسط رییس‌جمهور و امور مرتبط با تعیین بودجه‌ی فدرال؛ تا گسترش و تشدید توسل به دستورالعمل‌های فدرال و دور زدن ضرورت تقدیم لوایح برای بحث و رأی‌گیری؛ و بسیاری دیگر.

• • •

پیروزی در این نبرد سیاسی طولانی حزب کارگران سوسیالیست باعث تقویت تلاش‌هایی شده که به طور مستدام از دهه‌ی ۱۹۷۰ تاکنون ادامه داشته تا اطمینان حاصل شود، تا جایی که امکان دارد، برای کسانی که به کمپین‌های حزب کارگران سوسیالیست، از جمله کمپین‌های انتخاباتی برای مصادر عمومی، کمک مالی می‌کنند، حداکثر مصونیت ایجاد شود.

در آوریل ۲۰۱۳ کمیسیون فدرال انتخابات به مدت چهار سالِ دیگر معافیت حزب را تمدید کرد: معافیت از این مقررات که کاندیدهای انتخاباتی اجباراً باید فهرست اسامی کسانی را که کمک مالی کرده‌اند تحویل دهند؛ همین‌طور فهرست چاپخانه‌ها و فروشندگان کالاهایی که از آن‌ها خدمات انتشارات و سایر خدمات دریافت کرده‌اند. در حکمی که کمیسیون فدرال

1 Tea Party
2 Internal Revenue Service (IRS)

انتخابات صادر کرد، هم به تصمیم دادگاه در سال ۱۹۸۶ ارجاع داده شده و هم به حدود هفتاد مورد اظهاریه‌ی کارگران و دیگرانی که از کاندیدهای کمونیست در انتخابات و سایر فعالیت‌های علنی حزب کارگران سوسیالیست حمایت کرده‌اند. این اظهاریه‌ها حاوی مستندات مربوط به اخراج‌ها، خبرچینی و عملیات ایذایی پلیس و تهدیدات و یورش‌های دست‌راستی‌ها به حزب و اعضایش و هوادارانش از سال ۲۰۰۹، زمان صدور معافیت قبلی، تاکنون است.

کمیسیون فدرال انتخابات در صدور حکم‌اش اعلام کرد که "تخاصم حکومت و حرکت‌های ایذایی عمومی و خصوصی علیه حزب کارگران سوسیالیست فراگیر بوده است و لذا همچنان باعث ضرورت حمایت از درخواست حزب کارگران سوسیالیست می‌شود" تا معافیت‌اش از علنی‌سازی فهرست حامیان، که از سال ۱۹۷۴ تاکنون حزب برایش جنگیده و شش بار تمدیده شده است، مجدداً تمدید شود. این نه تنها برای حزب کارگران سوسیالیست یک پیروزی بود، بلکه همچنین یک پیروزی برای تمامی زحمتکشان و برای حقوقی که در قانون اساسی تضمین شده بود. بعد از گذشت مدت‌های مدید، این نخستین بار بود که یک سازمان طبقه-کارگری موفق می‌شد که در رویارویی با سال‌ها اقدامات فزاینده‌ی "مقررات" سیاسی، اجتماعی و اقتصادی کارفرمایان و حکومت‌شان، موفق شود که آن را پس بزند.

در میان لیبرال‌ها، کمپین بی‌امان برای "شفافیت" سیاسی و "علنی‌سازی" مالی، امری است مقدس. اما، واقعیت‌ها و تخاصمات طبقاتی را لاپوشانی می‌کند ـ مهم‌تر از همه لاپوشانی این حقیقت است که نه تنها تمام قدرت اقتصادی و مالی در دست طبقه‌ی سرمایه‌داران متمرکز است؛ بلکه همچنین قدرت سیاسی و نظامی. این است منشأ دورویی درباره‌ی "شفافیت" و منشأ صدمه‌ای که "علنی‌سازی" ـ تحمیل‌شده از سوی دولت بر اکثریت استثمارشده وارد می‌کند.

طرح خواسته‌ی خاتمه دادن به دیپلماسی مخفیانه‌ی دولت و مخفی‌کاری

تجاری و علمیات مخفیانه‌ی پلیس، یکی از اجزای پروگرام جنبش کمونیستی بوده و همچنان هست. هر قدمی در جهت پایان دادن به پوشش قانونی‌یی که تحت آن حاکمان مالدار مخفی‌کاری‌هایشان را انجام می‌دهند، گامی است به جلو برای زحمتکشان ایالات متحده.

اما، هنگامی که این خواسته‌ها بر احزاب طبقه‌ـکارگری نظیر حزب کارگران سوسیالیست، گروه‌های حقوق سیاهان، یا سازمان‌های کشاورزان معترض تحمیل می‌شود، "علنی‌سازی" و "شفافیت" ابزاری می‌شوند برای لجام گسیختگی حکومت سرمایه‌داری و پلیس و دار و دسته‌ها و افراد دست‌راستی، برای آنکه بتوانند به کاوش در درون جنبش کارگری بپردازند، تلاش کنند آن را از هم بپاشند و نابودش کنند. به سدی تبدیل می‌شوند که نمی‌گذارند از آن‌هایی که تحت حمله‌ی حکومت قرار می‌گیرند و از اقدامات مستقل طبقه‌ـکارگری برای تعالی منافع زحمتکشان به شکل مؤثری دفاع شود.

• • •

پنجاه سال عملیات مخفی در ایالات متحده، پلیس سیاسی واشنگتن و طبقه‌ی کارگر آمریکا خط حرکت یک‌و نیم قرنیِ پرولتری‌یی را نشان می‌دهد که دستاوردهای حزب کارگران سوسیالیست را ممکن ساخت؛ دستاوردهایی که حاصل کمپین سیاسی‌اش برای افشای خبرچینی و حرکات ایذایی دولت بود و مخالفت علیه این حرکات را بسیج کرد. در این کتاب آمده است که از لحظه‌ای که حزب کارگران سوسیالیست کیفرخواست‌اش را در سال ۱۹۷۳ تسلیم کرد و طی محاکمه تا سال ۱۹۸۱، تا جریانات بعد از محاکمه، دولت

مدام تلاش کرد تا ثابت کند که حزب برای اذهان عمومی یک نوع از مطالب را مطرح می‌کرد، اما در جلساتش در پشت درهای بسته‌ی حزبی به مطالب دیگری می‌پرداخت. آن‌ها سعی کردند ثابت کنند که

> حزب ساختار دوگانه‌ای داشته است، یکی برای اهداف علنی و دیگری برای آنچه از اذهان مخفی بود. در تک‌تک موارد، حقایق عکس این را ثابت کرد. گرچه یک حزب کارگری حق دارد، در واقع مسئولیت دارد، که از حریم خصوصی اعضا و حامیانش در مقابل کارفرمایان و پلیس حفاظت کند، اما هیچ حقی ندارد که ایده‌ها، روش‌ها و مفاهیم سازمانی‌اش را از زحمتکشان مخفی نگاه دارد....
>
> همان‌طور که محاکمه به منصه‌ی ظهور گذاشت، اتهام اف‌بی‌آی راجع به توطئه‌چینی و اهداف مخفیانه *چیزی بجز فرافکنی محض نبود.* معلوم شد که کاخ سفید و اف‌بی‌آی هستند که اهداف و روش‌های واقعی‌شان را مخفی نگاه می‌دارند، نه حزب کارگران سوسیالیست. معلوم شد که کاخ سفید و اف‌بی‌آی هستند که ساختار مخفیانه‌ای را ایجاد می‌کنند تا آنچه را که نمی‌توانند علناً اعلان کنند عملاً انجام دهند، نه حزب کارگران سوسیالیست. معلوم شد که کاخ سفید و اف‌بی‌آی هستند که بر شیوه‌های عملکرد توطئه‌آمیز تکیه می‌کنند، تا پشت سر مردم ایالات متحده به اهدافشان دست یابند، نه حزب کارگران سوسیالیست.

این کتاب گسترش پلیس سیاسی واشنگتن را بعد از جنگ جهانی اول، که واکنش سرکوبگر امپریالیسم ایالات متحده به انقلاب اکتبر ۱۹۱۷ تحت رهبری بلشویک‌ها بود ، ردیابی می‌کند؛ واکنش به تشکل بین‌الملل کمونیست دو سال بعد از انقلاب اکتبر ـ و تأثیرشان بر کارگران و کشاورزان در ایالات متحده که درصدد برآمدند تا آن مثال‌های انقلابی را سرمشق خودشان قرار دهند. از همه مهم‌تر، حکومت قصد داشت تا سازمان‌های نوپای کمونیستی را که در سال ۱۹۱۹ در ایالات متحده بنیانگذاری شدند، نابود کند. (در همان سال‌ها هم جی ادگار هوور[1] رییس سازمان پلیس دادگستری بود که کارگران کمونیست و آنارشیست، سازمان‌هایشان و رهبران سیاه نظیر

---

1 J. Edgar Hoover

مارکوس گاروی و ای فیلیپ رندالف[1] را هدف گرفته بود. آن سازمان پلیسی در سال ۱۹۳۵ به اف‌بی‌آی[2] تبدیل شد و هوور تا زمان مرگش در سال ۱۹۷۲ رییس این سازمان باقی ماند.)

این کتاب بالاخص دولت رییس‌جمهور فرانکلین روزولت دراواخر دهه‌ی ۱۹۳۰ را در کانون توجه خود قرار می‌دهد، زمانی که حاکمان ایالات متحده داشتند تدارک می‌دیدند تا وارد کشت و کشتار امپریالیستی جنگ جهانی دوم شوند. این کتاب، پیدایش و تحکیم دولت بر مبنای "امنیت ملی" را که در پی پیروزی نظامی، سیاسی و اقتصادی واشنگتن بر رقبای امپریالیست‌اش در آن جنگ شکل گرفت تشریح می‌کند. آن پیروزی، هم پیروزی بر "دشمنانش" (آلمان، اتریش، ایتالیا و ژاپن) را در بر می‌گرفت و هم پیروزی بر "متفقین‌اش" (انگلستان، فرانسه و سایرین).

محکومیت و حبس هیجده تن از رهبران حزب کارگران سوسیالیست و رهبری مبارزه‌ـ طبقاتی اتحادیه تیمسترها در شعبه‌ی ۵۴۴ کنگره سازمان‌های صنعتی (سی‌آی‌اُ) در مینیاپولیس در سال ۱۹۴۱ نقطه‌ی عطفی در گسترش دامنه‌ی تشکیلاتی پلیس سیاسی سرمایه‌داری در ایالات متحده بود. آن پاپوش‌دوزی نخستین استفاده‌ی دولت روزولت از قانون "خفقانی" اسمیت[3] بود که به موجب آن ترویج ایده‌های انقلابی غیرقانونی شد؛ همان قانونی که رییس‌جمهور "دموکرات" یک‌سال پیش از آن تصویب کرده بود. "جرم" واقعی آن رهبران طبقه‌ـکارگری این بود که در درون اتحادیه‌های کارگری علیه کمپین روزولت برای برانگیختن حمایت عمومی از اهداف جنگی حاکمان ایالات متحده آپوزیسیون سیاسی مؤثری را سازماندهی می‌کردند ـ اهداف جنگی حاکمان ایالات متحده که قرار بود کارگران و

---

1 Marcus Garvey, A. Philip Randolph
2 Federal Bureau of Investigation(F.B.I)
3 Smith "Gag" Act

کشاورزان برای جنگیدن و مردن در راهش اعزام شوند.

طی محاکمات ۱۹۸۱ که بر مبنای کیفرخواست حزب کارگران سوسیالیست انجام شد، یکی از شهود اصلی حکومت، رابرت کوچ[1]، از معاونان دستیار دادستان کل بود. یکی از وکلای حزب کارگران سوسیالیست از او درباره‌ی حکم اجرائیه‌ی روزولت در سال ۱۹۳۹ سؤال کرد. حکمی که به اف‌بی‌آی دستور می‌داد تا "تحقیقات" درباره‌ی "فعالیت‌های خرابکاری" را افزایش دهد. کوچ پاسخ داد که "خیلی ساده، روش‌هایی وجود دارد که افراد و یا گروه‌ها می‌توانند به گونه‌ای عمل کنند که الزاماً ناقض مقررات جنایی نباشد" (معنی: اینکه حتی بر مبنای موازین قوانین بورژوایی ایالات متحده هم قانونی هستند). این صاحب منصب وزارت دادگستری شهادت داد که کاخ سفید قبل از هر چیز و بیش از هر چیز نگران آن‌هایی بود "که سعی داشتند افکار عمومی را تحت تأثیر قرار دهند، تا مانع از ورود ایالات متحده به جنگ شوند، و ما را بی‌طرف نگاه دارند."

"ارتکاب جرمِ" که صرفاً یعنی "سعی کردن برای تحت تأثیر قرار دادن افکار عمومی" نسبت به جنگی که در شرف تکوین بود، برای روزولت کفایت می‌کرد تا "منشور حقوق" قانون اساسی را تکه پاره کند.

ویراست جدید کتاب حاضر حاوی مقاله‌ی "جنگ امپریالیستی و طبقه‌ی کارگر"، نوشته‌ی فارل دابز است که به منشأ این "جنگ مخفیانه‌ی" واشنگتن در داخل کشور می‌پردازد. دابز یکی از متهمین محکوم شده بر طبق قانون اسمیت بود؛ یکی از رهبران تلاش همه‌جانبه‌ی تیمسترها برای سازماندهی اتحادیه‌ها در مینیاپولیس و قسمت فوقانی غرب میانی و سپس یکی از رهبران مرکزی حزب کارگران سوسیالیست به مدت ده‌ها سال. او این نوشته را در سال ۱۹۴۹ برای معارفه‌ی ویراست سوم کتاب *محاکمه‌ی*

---

1 Robert Keuch

سوسیالیسم نوشت. آن کتاب، حاوی دفاعیات جیمز پی کانن[1]، دبیر سراسری حزب کارگران سوسیالیست در دادگاه است.

دابز همچنین مجازاتی را که با استفاده از "قانون اسمیت" در اوایل سال ۱۹۴۹ بر یازده تن از رهبران حزب کمونیست در نیویورک روا داشتند توضیح می‌دهد و محکوم می‌کند. شرح آن جریان در مقاله‌ی آغازین این کتاب آمده است. همه‌ی آن‌ها محکوم شدند و مجازات ده نفر از آنان پنج سال زندان، یعنی حداکثر مجازات بود. دابز، که این محاکمه‌ی پاپوش‌دوزانه را به مدت نُه ماه هفته به هفته در نشریه‌ی *میلیتانت*[2] گزارش می‌کرد، یادآور می‌شود که رهبران حزب کمونیست، با امتناع از دفاع از نخستین متهمین قانون اسمیت در محاکمه‌ی سال ۱۹۴۱ در مینیاپولیس، از نظر سیاسی به جنبش طبقه‌ـکارگری ضربه زدند.

واقعیت این است که رهبران حزب کمونیست در مقابل اذهان عمومی به کیفرخواست علیه متهمین مینیاپولیس خیرمقدم گفتند و در اتحادیه‌های کارگری کمپین راه انداختند، تا حمایت از متهمین را فرو بنشانند. ارل براودر[3]، دبیر کل حزب کمونیست و سایر رهبران آن حزب، کار را به جایی کشاندند که پرونده‌ای درست کردند و به وزارت دادگستری تحویل دادند، به این امید که بتوانند باعث تقویت پرونده‌سازی حکومت علیه رهبران حزب کارگران سوسیالیست و مبارزین اتحادیه‌ی کارگری شوند. فیلیپ جافه[4]، یکی از رهبران سابق حزب کمونیست، در کتاب *فراز و نشیب کمونیسم در آمریکا* که در سال ۱۹۷۵ منتشر شد، به تشریح محتویات آن پرونده پرداخته و اذعان می‌کند که یک نسخه از آن را از دبیر کل حزب کمونیست ایالات متحده دریافت کرده بود.

---

1 James P. Cannon
2 The *Militant*
3 Earl Browder
4 Philip Jaffe

به زیر پا گذاشتن ابتدایی‌ترین مبانی همبستگی طبقه ـ کارگری توسط رهبران حزب کمونیست، همچنین در کتابی که جان اَبت[1] با عنوان *مبلّغ و اهل عمل: خاطرات یک وکیل آمریکایی کمونیست* منتشر کرده نیز نقل شده است. او مدت‌ها یکی از مشاورین حقوقی اصلی حزب و یکی از کادرهای رهبری‌اش از دهه‌ی ۱۹۳۰ بود. ابت می‌گوید، اینکه حزب کمونیست در محاکمه‌ی مینیاپولیس "از حزب کارگران سوسیالیست دفاع نکرد، یک اشتباه فاحش بود."

او تصدیق می‌کند که در آن زمان خط‌مشی رهبری حزب کمونیست را پذیرفته بود. او می‌گوید که "ما غافل از آن بودیم که در دوران بعد از جنگ، قانون اسمیت به عمده‌ترین سلاح قانونی برای حمله به حزب ما و زندانی شدن رهبرانش تبدیل خواهد شد."

می‌گوید که *غافل از آن بودیم!* ولی حقیقت این است که حزب کارگران سوسیالیست و متهمین تیمستر و حامیانشان این اصل را بارها و بارها به هر کسی که در جنبش کارگری گوش شنوا داشت گوشزد کردند (و خیلی‌ها گوش کردند که می‌توان نتیجه‌اش را در حمایت از کمپین دفاع دید، حدود ۱۵۰ اتحادیه‌ی بین‌المللی و محلی که بیش از ۵ میلیون کارگر را در بر می‌گرفت پشتیبانی خود را از کمیته‌ی دفاع از حقوق مدنی، سازمانده کمپین دفاع، اعلام کردند و همچنین صدها تن از افراد و سازمان‌های دیگر).

اَبت می‌گوید که او چهل سال بعد در یک جلسه‌ی رهبری سراسری حزب کمونیست شرکت کرد و آن‌ها را ترغیب می‌کرد تا از کیفرخواست حزب کارگران سوسیالیست علیه خبرچینی و حرکت‌های ایذایی پلیس فدرال حمایت کنند. او درس آموخته‌های عملکرد رهبری حزب کمونیست در سال ۱۹۴۱ را یادآور شد. اما آراء علیه او بود "و حزب یک‌بار دیگر از حمایت از حزب کارگران سوسیالیست در مقابل حرکات ایذایی دولت امتناع کرد."

---

1 John Abt

• • •

یکی دیگر از دستاوردهای کمپین حزب کارگران سوسیالیست علیه کاخ سفید و ادارات پلیس فدرال این بود که حکم قاضی گریسا میان اعضای حزب و حامیانش که شهروند ایالات متحده هستند و آنان که نیستند، هیچ فرقی قایل نشد. تصمیم اتخاذ شده و حکم صادره هر دو را شامل می‌شود (گرچه دادگاه در خصوص مواردی که بالاخص به اقامت و اخراج از کشور مطرح می‌شد، هیچ موضعی اتخاذ نکرد).

یکی از ادارات فدرال که در کیفرخواست حزب جزو متهمین بودند، پلیس اداره‌ی مهاجرت[1] حاکمان ایالات متحده است. در آن زمان نامش "خدمات مهاجرت و شهروندی" بود. امروزه نامش به "اجرای مهاجرت و گمرکات"[2] تغییر کرده است. از مبحث تغییر نام که بگذریم، این اداره نزد زحمتکشان که علیه‌شان هدف‌گیری کرده است، به *لا میگرا*[3] مشهور شده است؛ همین‌طور در نزد میلیون‌ها تن دیگر که می‌دانند سرمایه‌داران چگونه آن را بکار می‌گیرند تا همبستگی و قدرت رزمندگی طبقه‌ی کارگر، اتحادیه‌های کارگری و اعتراض علیه هرگونه تبعیضی را دچار چند دستگی سازند و تضعیف‌اش کنند.

واقعیت این است که اخراج از کشور، یکی از نخستین چماق‌های سبعانه‌ای بود که کارفرمایان و حکومت‌شان در دوران بعد از جنگ جهانی اول در تهاجم سرکوبگرانه علیه جنبش کارگری بکار می‌بردند. در یورش‌های منفور پالمر[4] که به نام دادستان وقت ایالات متحده نامگذاری شده، بیش از

1 Immigration and Naturalization Service (INS)
2 Immigration and Customs Enforcement (ICE)
3 *la migra*
4 Palmer Raids

۳۰۰۰ آنارشیست، کمونیست و سایر مبارزین طبقه‌ـکارگری دستگیر و بیش از ۷۵۰ نفر از ایشان در سال‌های ۱۹۱۹ و ۱۹۲۰ از کشور اخراج شدند.

از آن زمان تاکنون، حزب علیه کوشش‌های مکرر حاکمان برای استفاده از سلاح اخراج از کشور علیه کادرها و رهبران حزب کارگران سوسیالیست مبارزه کرده است؛ مبارزاتی که اغلب با توسل به بسیج‌های گسترده‌ی بین‌المللی در اتحادیه‌های کارگری و سایر مدافعین حقوق سیاسی صورت گرفته است. علاوه بر مورد هکتور ماراکین که پیش از این ذکر شد، همچنین دولت در موارد دیگری هم کوشش‌هایی ناموفق برای اخراج از کشور کرده، از جمله:

- کارل اسکوگلند[1] در دهه‌ی ۱۹۴۰ و ۱۹۵۰، که از بنیانگذاران جنبش کمونیستی و حزب کارگران سوسیالیست، متولد سوئد بود و یکی از هیجده سوسیالیست و رهبر اتحادیه تیمسترها که طی جنگ جهانی دوم زندانی شدند؛
- جو جانسون[2]، از اعضای حزب که مبارزه‌اش در اواسط دهه‌ی ۱۹۶۰ با استفاده از جزوه‌ی "*اعلام کرده‌اند، انسانی بدون کشورم* " انجام یافت; و اخیراً
- روهر کالرو[3]، یکی از رهبران حزب کارگران سوسیالیست ، متولد نیکاراگوئه و یکی از نویسندگان هفته‌نامه‌ی سوسیالیستی *میلیتانت* که در سال ۲۰۰۳ کوشش‌های *لامیگرا* را ، که سعی داشت بعد از بازگشت از یک سفر خبرنگاری به کوبا و مکزیک او را اخراج کند، پس زد؛ او موفق شد اقامت دایم خود را که در سال ۱۹۸۹ بدست آورده بود، همچنان حفظ کند.

• • •

---

1 Carl Skoglund
2 Joe Johnson
3 Róger Calero

برای کارگران کمونیست، دفاع از خودمان در وهله‌ی اول مسأله‌ی استدلال‌های قانونی و تاکتیک‌های صحن دادگاه نیست؛ گرچه کارگران انقلابی-اندیش در برخورد با این مسایل با نهایت دیسیپلین پرولتری به جزییات توجه می‌کنند.

مثل هر چیز دیگری در مبارزه‌ی طبقاتی، نحوه‌ی دفاع ما زحمتکشان از خودمان در مقابل پاپوش‌دوزی و سایر تعدی‌های دولت، بیش از هر چیزی، یک *مسأله‌ی سیاسی است*. بخشی از پیشروی طبقه‌ی کارگر در راستای خط حرکت‌اش به سوی جایگزینی یک اقلیت بسیار کوچک خانوارهای مالدار - دیکتاتوری سرمایه - با حاکمیت اکثریت عظیم کارگران و کشاورزان است.

از همان بدو پیدایش جنبش طبقه-کارگری در عصر جدید، همین بوده است. دو مثال برجسته از این نوع دفاع، شایسته‌ی ذکرند. اولی: کمپین دفاعی‌یی بود که کارل مارکس و فردریک انگلس[1] در بیش از صد و پنجاه سال پیش برای آزادی یازده تن از رفقایشان هدایت کردند. بعد از شکست انقلاب‌ها در سال‌های ۱۸۴۸- ۱۸۴۹ در سراسر اروپا، بر علیه آن یازده تن در آلمان به اتهام "توطئه" برای سرنگونی حکومت پروس پاپوش‌دوزی شد (آنچه به محاکمه‌ی کمونیست‌ها در کولون[2] مشهور شد)؛ دومی: کمپین برای عفو عمومی در سال ۱۹۵۵ که منجر به آزادی فیدل کاسترو[3] و همرزمانش شد. دیکتاتوری حاکم بر کوبا، که مورد حمایت ایالات متحده بود، کاسترو و همرزمانش را که در ۲۶ ژوئیه ۱۹۵۳ برای قیام به سانتیاگو دِ کیوبا و پادگان نظامی بایامو حمله کرده بودند، محاکمه و زندانی کرده بود. حمله به پادگان نظامی مونکادا و رهیافت سیاسی‌یی که تحت رهبری کاسترو، سازمانده

1 Karl Marx, Frederick Engels
2 Cologne Communist Trial
3 Fidel Castro

مرکزیش، هدایت شد، باب مبارزه‌ی انقلابی‌یی را گشود که در سال ۱۹۵۹ منجر به پیروزی انقلاب کوبا علیه ظلم و استبداد فولجنسیو باتیستا[1] شد.

دفاعیات، اظهارنظرات در صحن دادگاه و سایر اسناد دفاعی که رهبران طبقه‌ـکارگری در جریان چنین نبردهایی تهیه کرده‌اند، اغلب به ابزار تبلیغات انقلابی قدرتمندی تبدیل گشته‌اند.

یک مصداق این فرایند اثر کارل مارکس است بنام "افشاگری‌هایی راجع به محاکمه کمونیست‌ها در کولون" که او طی محاکمه‌ی سال ۱۸۵۲ و بلافاصله بعد از آن نوشت. در آن محاکمه هفت تن از یازده متهم محکوم شدند. مارکس در صفحات آن نوشته ثابت کرد که اقدام طبقه‌ی حاکم و حکومت‌اش، برای راه انداختن محاکمه‌ی "توطئه"، "الزامی ندارد که برپایه یک عملکرد قابل تعقیب شکل بگیرد" و آن محاکمه "صرفاً دستاویزی است برای سوزاندن دگرباوران سیاسی، بطور قانونی."

همین‌طور، شهادت جیمز پی کانن در محاکمه‌ی مبتنی بر قانون اسمیت در سال ۱۹۴۱، که متن آن با عنوان *محاکمه‌ی سوسیالیسم* منتشر شد و از آن زمان تاکنون به مثابه مدخلی بر پروگرام کمونیستی چاپ و فروخته شده است.

تاریخ مرا تبرئه خواهد کرد که فیدل کاسترو آن را در زندان بازنویسی کرد و مبنایش سخنرانی او در دادگاه در سال ۱۹۵۳ بود و به پروگرام غیررسمی جنبش ۲۶ ژوئیه تبدیل شد و طی مبارزه‌ی انقلابی در کوبا هزاران نسخه‌اش زیرزمینی پخش شد، نیز چنین بود.

همچنین، بیانیه‌ی نلسون ماندلا[2] از جایگاه متهم، "من آماده‌ام که بمیرم"، در محاکمه‌اش در سال ۱۹۶۴ که منجر به محکومیت او به حبس

---

1 Fulgencio Batista
2 Nelson Mandela

ابد شد، تا به جرم رهبری یک مبارزه‌ی انقلابی برای سرنگونی رژیم سفید برتری‌طلب آفریقای جنوبی تنبیه‌اش کنند.

در این هنگام که *پنجاه سال عملیات مخفی در ایالات متحده، پلیس سیاسی واشنگتن و طبقه‌ی کارگر آمریکا* دارد در این ویراست جدید منتشر می‌شود، زحمتکشان ایالات متحده و سراسر جهان دارند در مورد محکومین دیگری می‌آموزند و به تعداد رو به افزایشی به حمایت از نبرد دفاعی بین‌المللی دیگری جذب می‌شوند ـ مبارزه برای آزادی انترناسیونالیست‌های کوبایی که از سال ۱۹۹۸ تاکنون در ایالات متحده پشت میله‌های زندان محبوس بوده‌اند.

هراردو هرناندز، رامون لابانینو، آنتونیو گوئررو، فرناندو گنزالز و رُنه گنزالز[1] ـ که میلیون‌ها نفر ایشان را با کنیه‌ی "پنج کوبایی" می‌شناسند ـ توسط واشنگتن بر مبنای یک بسته‌ی آماده‌ی ساختگی به اتهام "توطئه" روانه‌ی زندان شدند. آن‌ها داشتند درباره‌ی نقشه‌های گروه‌های شبه‌نظامی قاتلِ کوبایی ـ آمریکایی در ایالت فلوریدا که در خاک ایالات متحده با مصونیت در حال فعالیت هستند، برای حکومت کوبا اطلاعات جمع‌آوری می‌کردند. جمع‌آوری اطلاعات برای آن بود که کمک کنند تا به حملات خشونت‌آمیز این گروه‌ها در کوبا، ایالات متحده، پورتوریکو و جاهای دیگر خاتمه داده شود.

طی محاکمات سال‌های ۲۰۰۰-۲۰۰۱ در میامی و صدور احکام مجازات، عملکرد این پنج تن توأم با حفظ غرور و عزت بود، در حالی که از اصول انقلابی‌شان دفاع کردند و اتهامات ساختگی را، که صاحب‌منصبان فدرال علیه‌شان وارد کرده بودند، رد کردند. مهم‌تر از همه اینکه حاضر نشدند با

1 Gerardo Hernández، Ramón Labañino, Antonio Guerrero, Fernando González, René González.

دادستان قرار و مدار مشروط بگذارند[1]. تک‌تک‌شان هنگام محاکمه اعلام کردند و بعد از آن نیز بارها تکرار کرده‌اند که اگر لازم باشد بار دیگر نیز همان‌گونه عمل خواهند کرد، تا از مرگ‌های ناشی از ترور و بمب‌گذاری جلوگیری کنند. همان‌گونه که هراردو هرناندز، که شدیدترین حکم مجازات، دو بار حبس ابد، علیه‌اش صادر شده بیان کرده است، "برای جلوگیری از ریزش این خون است که من تعهد کرده‌ام حتی زندگی خودم را هم قربانی کنم."

طی سال‌هایی که زندانی بوده‌اند، این پنج تن به خاطر صداقت و سجیه‌ی والایشان احترام همقطاران زندانی‌شان را برانگیخته‌اند؛ و سرمشقی در رهبری کارهای روزانه از خود باقی گذاشته‌اند؛ همین‌طور به خاطر ملاحظه‌ی وضعیت دیگران که پشت میله‌های زندان محبوسند و با ایشان شرایط مشترکی به مثابه برادرانشان دارند و نیز به خاطر توضیح صبورانه‌ی انقلاب کوبا که این پنج تن با اعتقادات راسخ سیاسی و نحوه‌ی عملکردشان مثالی از انترناسیونالیسم پرولتری و ارزش‌های سوسیالیستی‌اش هستند.

نه "عدالت سرمایه‌داری" که در دوره‌ی سه رییس‌جمهور برای پنج کوبایی تعیین شده است ـ کلینتون، بوش و اوباما ـ و نه طریق سرمشق‌گونه‌ای که پنج کوبایی در رویارویی با "عدالت سرمایه‌داری" عمل کرده‌اند، هیچ‌یک برای جنبش کمونیستی کارگری ایالات متحده و جهان پدیده‌ی جدیدی نیستند. جک بارنز، دبیر سراسری حزب کارگران سوسیالیست، هنگام سخنرانی‌اش در همایشی در سال ۱۹۸۸ در شهر دس‌موینس، در ایالت آیووا در آستانه‌ی آغاز محاکمه‌ی مارک کرتیس به این واقعیت‌های حاکمیت سرمایه‌داری و مبارزه‌ی طبقاتی اشاره کرد.

بارنز به بیش از ۴۰۰ تن که در آن همایش گردهم آمده بودند گفت که

---

۱ to cop a plea در دادگاه های ایالات متحده به معنای قرار و مدار با دادستان به منظور اقرار به اتهامی سبک‌تر، به امید حذر از مجازات بزرگتر.م.

"برای مارک کرتیس، محاکمه‌ی منصفانه‌ای برگزار نخواهد شد. صحن دادگاه محلی نیست که آنجا راجع به بی‌گناهی و یا گناهکاری تصمیم‌گیری شود. آنجا جایی نیست که بتوان عدالت را یافت."

بارنز گفت که "صدها سال طول کشیده تا زحمتکشان توانسته‌اند در استقرار اصل برائت پیروز شوند." در ادامه‌ی سخن‌اش گفت که "این یکی از مهم‌ترین شاخص‌های حرکت به سوی همبستگی انسان‌هاست."

او گفت، حال آنکه، وقتی کارگران در پشت میز محاکمه قرار می‌گیرند، از دیدگاه حاکمان سرمایه‌دار، "اصل گناهکار بودن است که در ایالات متحده‌ی 'دموکراتیک' غالب است." او گفت که کارفرمایان و حکومت‌شان "می‌خواهند به کارگران صنایع بسته‌بندی گوشت، صنایع تولید کاغذ، معدنچیان و انواع و اقسام کارگران که مبارزه خواهند کرد، این پیغام را برسانند که مبارزه هم حد و حدودی دارد."

بارنز گفت که به همین دلیل کمپین دفاعی جهانی آن‌قدر مهم بود. حاکمان سرمایه‌دار قضاوت نادرستی از مبارزین انقلابی-اندیش دارند، همان‌طور که از قدرت همبستگی میان طبقه‌ی کارگر و سایر مدافعین حقوق سیاسی هم قضاوت نادرستی دارند. او تأکید کرد که حکم صادره هرچه باشد، "در این کره‌ی زمین هیچ راهی وجود ندارد که آن‌ها به هدفشان دست یابند. آن‌ها مارک کرتیس را بیست و پنج سال به زندان نخواهند انداخت. آن‌ها او را به زانو درنخواهند آورد."

"آن‌ها مانع از این نخواهند شد که او همان شخصی که امروز هست باقی بماند، برای همان چیزهایی که مبارزه می‌کند مبارزه کند، به همان اعتقادات راسخ عمیق‌اش باور داشته باشد، همان اعتقادات را علناً برای تمام دنیا بگوید. او به همه‌ی این کارها ادامه خواهد داد، فرق نمی‌کند راهش به کجا بیافتد و به چه مدت."

این در مورد همه‌ی هزاران مبارز طبقه-کارگری که برایشان پاپوش‌دوزی شده و به ناحق روانه‌ی زندان شده‌اند، مصداق پیدا می‌کند؛ همان‌هایی که در

مسیر طولانی و پر پیچ و خم انقلابی به سوی کسب قدرت توسط کارگران و کشاورزان در ایالات متحده و سراسر جهان گام برداشته‌اند. این مصداق‌ها پابرجا خواهند ماند. و این مهم‌ترین درسی است که لابلای صفحات این کتاب ثبت شده است.

استیو کلارک
ژانویه ۲۰۱۴

پنجاه سال عملیات مخفی در ایالات متحده

پلیس سیاسی واشنگتن و طبقه‌ی کارگر آمریکا

لَری سیگل

در اواخر سال ۱۹۷۲، هنگامی که افتضاح واترگیت باعث شده بود که واقعیت‌های پنهانِ عملیات مخفیانه‌ی داخلی اف‌بی‌آی برملا شود، رهبری حزب کارگران سوسیالیست به لئونارد بودین[1] پیشنهادی ارائه داد. بودین برجسته‌ترین وکیل مدافع امور قانون اساسی و مشاور عمومی کمیته‌ی اضطرار ملی حقوق مدنی[2] بود.

حزب به وی پیشنهاد کرد که برای کیفرخواست علیه اف‌بی‌آی و سایر عوامل پلیس فدرال کار مشترکی صورت پذیرد تا حقوق حزب کارگران سوسیالیست و سازمان اتحاد جوانان سوسیالیست برای کار سیاسی تثبیت شود و بتوانند به فعالیت‌های خود ادامه دهند، آن‌هم فارغ از آنکه علیه‌شان خبرچینی شود و عوامل پرووا‌کاتور[3] در داخلشان نفوذ کنند؛ بدون آنکه تلفن‌هایشان استراق سمع شود و کسی به حریم دفاترشان تجاوز کند؛ بدون آنکه در لیست سیاه قرار داده شوند و از طرق بیشمار دیگری قربانی عملیات مخرب پلیسِ سیاسی شوند.

این کیفرخواست محور مبارزه‌ای را تشکیل می‌داد که هدفش اثبات این نکته بود که عملیات اف‌بی‌آی علیه حزب کارگران سوسیالیست ناقض متمم

---

1 Leonard Boudin
2 National Emergency Civil Liberties Committee
3 Agent provocateurs

شماره‌ی یک قانون اساسی ایالات متحده است؛ متممی که تضمین‌کننده‌ی آزادی بیان و تشکل است. همچنین ناقض متمم شماره‌ی چهار که تضمین کننده‌ی حق حریم خصوصی افراد و سازمان‌ها در مقابل تجسس خودسرانه‌ی عوامل دولت است.

لئونارد بودین، وکیل حزب کارگران سوسیالیست، فوراً مطرح کرد که این‌گونه کیفرخواست قبلاً هرگز صورت نگرفته است. گرچه متهمین جنایی بر مبنای اینکه حقوق اساسی[1] آنان را دولت در ضمن دستگیری یا محاکمه لغو کرده است اغلب تبرئه شده‌اند. اما، پیشینه‌ای از مواردی که دست‌پیش گرفته شده و به قصد مقابله با خبرچینی و ایجاد اخلال اف‌بی‌آی اقامه‌ی دعوا شده باشد؛ وجود نداشت. بالاخص اینکه هرگز هیچ دادگاهی اف‌بی‌آی را در کاربرد خبرچین‌هایش محدود نکرده بود.

با این حال، لئونارد بودین موافق بود که اوضاع برای تلاش در این زمینه مناسب است. اگر حمایت افکار عمومی به کفایت بسیج می‌شد و منابع مالی لازم برای هزینه‌های این اقدامِ وزین فراهم می‌آمد، دلایل مبرهنی حاکی از این بود که حقوق دموکراتیکِ قابل توجهی را می‌شد کسب کرد. و او تأکید کرد حقوقی که حزب کارگران سوسیالیست و سازمان اتحاد جوانان سوسیالیست، یعنی دو گروه کمونیست، بدین ترتیب کسب می‌کردند، باعث تقویت حقوق همه در ایالات متحده می‌شد و فضای سیاسی گسترده‌تری را می‌گشود تا زحمتکشان بتوانند از خودشان بهتر دفاع کنند و در جهت تحقق منافع‌شان پیش بروند. این نکته، برعهده گرفتن چنین مسئولیتی را دوچندان ارزشمند کرد.

بلافاصله بودین کار را شروع کرد تا پرونده را برای عرضه آماده کند. حزب کارگران سوسیالیست با سایر مدافعین حقوق مدنی تماس گرفت، تا صندوق

1 Constitutional Rights

دفاع از حقوق سیاسی[1] با مشارکت آن‌ها تأسیس شود تا حمایت افکار عمومی را جلب نماید و کمک‌های مالی لازم را برای نبرد در دادگاه جمع‌آوری کند. در ژوییه‌ی ۱۹۷۳ در دادگاه فدرال ناحیه‌ی مانهاتان[2] اقامه‌ی دعوا شد و پرونده به قاضی توماس گریسا[3] واگذار گردید. او از اعضای حزب جمهوریخواه بود که رییس جمهورِ وقت، ریچارد نیکسون، او را به این سمت منصوب کرده بود.

سیزده سال بعد، در اوت ۱۹۸۶، قاضی گریسا نظر خود را اعلام کرد. رأی دادگاه این بود که حزب کارگران سوسیالیست و سازمان اتحاد جوانان سوسیالیست می‌توانند نظرات خود را، فارغ از دخالت‌های حکومت، تبلیغ کنند و در فعالیت‌های سیاسی شرکت نمایند. گریسا حکم کرد، و این نخستین باری بود که یک قاضی فدرال چنین حکمی را صادر می‌کرد، که بکارگیری خبرچین‌های مخفی اف‌بی‌آی علیه حزب کارگران سوسیالیست ناقض حقوق اساسی حزب، اعضا و حامیانش بوده و اف‌بی‌آی حریم خصوصی‌شان را شکسته و نتیجتاً بخش بنیادینی از حق تشکل‌شان نقض شده است. قاضی همچنین حکم صادر کرد که ورود مخفیانه‌ی اف‌بی‌آی به دفاتر حزب کارگران سوسیالیست و عملیات اخلال‌گرانه‌ی ("کوینتل‌پرو")[4] ناقض قانون اساسی بوده‌اند.

بر این مبنا، قاضی گریسا حکم صادر کرد که حزب کارگران سوسیالیست بابت نقض حقوق اساسی‌اش حق دارد خسارتی به مبلغ ۲۶۴،۰۰۰ دلار در مجموع دریافت کند. او همچنین به نفع حزب کارگران سوسیالیست قرار منعی صادر کرد که طبق آن، هرگونه استفاده‌ی نهادهای فدرال از پرونده‌های اف‌بی‌آی غیرقانونی خواهد بود؛ منظور پرونده‌هایی است که اطلاعات مندرج

1 Political Rights Defence Fund
2 Manhattan
3 Judge Thomas Griesa
4 Cointelpros

در آن‌ها را اف‌بی‌آی به روش‌هایی جمع‌آوری کرده که قاضی غیرقانونی دانسته است.

بعد از صدور این حکم، قاضی گریسا درخواست پرداخت غرامتِ حزب کارگران سوسیالیست را بررسی خواهد کرد که به موجب آن حزب کارگران سوسیالیست خواستار آن خواهد شد که وزارت دادگستری چندین میلیون دلار بابت حق‌الزحمه‌ی بودین و سایر وکلایی که وقت خود را صرف اقامه‌ی دعوا نموده‌اند پرداخت کند. موضوعِ پرداخت حق الزحمه‌ی وکلا خود مبحث مهمی است: وکلایی که سرسختانه از حقوق کمونیست‌ها دفاع می‌کنند در گذشته اغلب کارشان منجر شده به اینکه وقت خود را صرف دفاع از خودشان کنند و یا به جرم سرپیچی از دستورات دادگاه و یا به روش‌های دیگری قربانی شوند. اخذ حق الزحمه‌ها از دولت، بابت اقامه‌ی دعوای حزب کارگران سوسیالیست، خود پیروزی قابل توجه دیگری برای احقاق حقوق دموکراتیک خواهد بود.

وکلای وزارت دادگستری به ریاست ادوین میس[1]، دادستان کل، دارند زمینه را برای استیناف رأی گریسا آماده می‌کنند که به نظر می‌رسد قطعاً کار را به دیوان عالی ایالات متحده خواهد کشاند. حامیان صندوق دفاع از حقوق سیاسی در حال حاضر مجموعه‌ای از فعالیت‌ها را آغاز کرده‌اند، تا خبر این پیروزی و مفهوم آن را به اطلاع عموم برسانند و برای ادامه‌ی مبارزه در جهت اینکه از رأیی که صادره شده است در دادگاه‌های عالی‌تر دفاع شود، حمایت لازم را بسیج کنند.

بنابراین، اکنون زمان مناسبی است برای آنکه قدری به گذشته برگردیم و نگاهی بیندازیم به ارتباط این پرونده با مبارزه‌ی گسترده‌تری برای اتحادیه‌های کارگری و جنبش سیاهان در ایالات متحده، برای دفاع از حق تشکل و گسترش فضا برای فعالیت‌های سیاسی، فارغ از دخالت‌های حکومت.

1 Edwin Meese

نگاهی خواهیم داشت به منشأ و تداوم جنگ مخفیانه‌ی اف‌بی‌آی علیه حزب کارگران سوسیالیست. همچنین سعی خواهیم کرد به سؤالاتی که این پرونده در اذهان برخی از حامیانش ایجاد کرده پاسخ دهیم. چرا دولت ایالات متحده چنین تهاجم گسترده‌ای را علیه یک سازمان کوچک طلایه‌دارِ کمونیست سازماندهی کرده است؟ چرا حزب کارگران سوسیالیست بوده که این ابتکار عمل را در دست گرفته و کار را با همکاری دیگران با موفقیت تا اینجا پیش برده است؟ چرا سوسیال دموکرات‌ها این کار را نکردند که هم امکاناتشان بیشتر است و هم پیروانشان بیشتر از حزب کارگران سوسیالیست هستند؟ چرا حزب کمونیست که از اقدامات خبرچینی، ایذایی و تخریبیِ اف‌بی‌آی بیش از حزب کارگران سوسیالیست صدمه دیده، این کار را نکرد؟

در برخورد با این سؤالات با مسایل مهمی مواجه خواهیم شد که هم برای طلایه‌داران طبقه‌ـکارگری در ایالات متحده بسیار حایز اهمیت هستند و هم برای جنبش گسترده‌تر بین‌المللیِ کمونیست.

منشأ تهاجمِ اف بی‌آی علیه حزب کارگران سوسیالیست

در ساعات قبل از طلوع آفتاب، در یک روز شنبه در سپتامبر ۱۹۳۹، مأمورین اف‌بی‌آیِ ایالات آیووا و نبراسکا به طور هم‌زمان به منازل رهبران اتحادیه‌های کارگری در شهرهای اُماها، دموینِز و سو سیتی یورش بردند. آن‌ها صاحب‌منصبان اتحادیه‌ی تیمسترها[1] در این سه شهر را از رختخوابشان بیرون کشیدند و دستگیر کردند. اتهام وارده به آن‌ها، که کیفرخواست‌اش تازه تحویل قوه‌ی قضاییه شده بود، این بود که بیش از یک سال پیش از آن کامیونی را طی اعتصابی در شهر سو سیتی به آتش کشیده‌اند.

وزارت دادگستری در واشنگتن دی‌سی، تحت فرمان دادستان کل دولت ایالات متحده، هماهنگی حمله‌ی اف‌بی‌آی را برعهده گرفته بود. زمان این دستگیری‌ها نقطه‌ی عطفی در مبارزه‌ی طبقاتی در ایالات متحده بود، نقطه‌ی عطفی که مدت‌ها بعد اهمیت‌اش کاملاً آشکار شد.

دستگیری رهبران اتحادیه‌ی تیمسترها به دست پلیس فدرال، حاکی از این بود که استفاده‌ی سیستماتیک از اف‌بی‌آی، به عنوان سلاحی علیه کارگران و کشاورزان طبقه‌ـآگاه و علیه مبارزان مصمم رفع تبعیض نژادی و ستم ملی، در ایالات متحده آغاز شده است. واکنش به حملات اف‌بی‌آی و دستگیری‌ها نیز نشانی از شروع مبارزات طلایه‌داران طبقه‌ـکارگری بود؛ مبارزه‌ای برای بسیج کلیه‌ی مدافعین حقوق دموکراتیک برای مخالفت با زیرپا گذاشتن منشور حقوق به دست اف‌بی‌آی. چندان طول نکشید که این مبارزه عمیق‌تر شد.

در سال ۱۹۴۱ اف‌بی‌آی و وزارت دادگستری برای نخستین بار برای

---

1 Teamsters Union

کاربرد قانون اسمیت دست بکار شدند. این قانون به منظور کنترل اندیشه‌ها به تازگی تصویب شده بود و اف‌بی‌آی برای کاربردش علیه سازمان تیمسترها در مینیاپولیس مستقیماً وارد عمل می‌شد. مینیاپولیس پایگاه قدرت اتحادیه‌ای و دموکراسی اتحادیه‌ای تیمسترها در غرب ـ میانی ایالات متحده بود. رهبران تیمسترها در مینیاپولیس مبلغینِ موثرِ استقلال سیاسی کارگران و کشاورزان از احزاب سرمایه‌داری بودند.

پیشینه‌ی دستگیری‌های سپتامبر ۱۹۳۹ چه بود؟ یک سال قبل از آن، رانندگان صنف نانوایی، شعبه‌ی ۳۸۳ تیمسترها را در سو سیتی درایالت آیووا متشکل و علیه صاحبان نانوایی‌های شهر اعتصاب کردند. اعتصابیون خواستار افزایش دستمزد و بهبود شرایط کارشان شدند. کارفرمایان اتهام زدند که اعتصابیون در بزرگراهی در نزدیکی مرز ایالت آیووا یکی از رانندگان اعتصاب‌شکن را متوقف کرده و کامیون را به آتش کشیده‌اند. اتحادیه هرگونه درگیری در این واقعه را تکذیب و تأکید کرد که اگر در واقع کامیونی آسیب دیده باشد، احتمالا کارفرمایان خودشان این کار را کرده‌اند، تا حمایت رو به رشد عمومی برای اعتصاب را خدشه‌دار کنند. این حادثه‌ی ساختگی به مدت کوتاهی در روزنامه‌ها شکل تحریک‌آمیزی به خود گرفت و بعد هم فراموش شد. یا حداقل این‌گونه به نظر می‌رسید.

اعتصاب صنف نانوایی پیروز شد. این پیروزی در سراسر غرب ـ میانی بر جنبش اتحادیه‌ای تأثیر مثبتی گذاشت. این اعتصاب هنگامی پیروز شد که تلاش برای سازماندهی رانندگان کامیون در سراسر قسمت فوقانی منطقه‌ی می‌سی‌سی‌پی گام‌های بلندی به جلو برداشته بود. چند ماه بعد از آنکه اعتصاب پیروز شد، سازمان اخوت بین‌المللی تیمسترها[1] چندین قرارداد یک‌ساله را با اکثریت شرکت‌های مدیریت حمل و نقل کالا در یازده ایالت غرب ـ میانی منعقد کرد که در مجموع بیش از ۲۰۰,۰۰۰ راننده و

1 International Brotherhood of Teamsters

کمک‌راننده را تحت پوشش قرار می‌داد.

مسئولان شعبه‌ی تیمسترها، که متهم به سوزاندن کامیون نانوایی شده بودند، رهبران قدرتمندترین شعبه‌ای بودند که سازماندهی کارگران را هدایت می‌کرد. گرچه فقط شعبه‌ی ۳۸۳ در سو سیتی در اعتصاب صنف نانوایان دخالت داشت، اما، شعبه‌ی ۹۰ در دِموینِز، ایالت آیووا، و شعبه‌ی ۵۴۴ در اُماها، ایالت نبراسکا، نیز نقش تعیین‌کننده‌ای در ارتباط با ایجاد تشکل چندایالتی داشتند که رانندگان کامیون از طریق آن سازماندهی می‌شدند. به همین دلیل نام رهبران این شعبه‌ها در لیست متهمین اف‌بی‌آی منظور شده بود.

بلافاصله بعد از شروع محاکمه در دادگاه فدرال سو سیتی، ماهیت پاپوش‌دوزی آشکار شد. این پرونده حول محور یک مسأله‌ی نظام‌نامه‌ای شکل گرفته بود: آیا محاکمه‌ی رهبران اتحادیه‌ای در صلاحیت قضایی دولت فدرال بود، یا فقط قوانین ایالتی مطرح بودند؟

وکلای وزارت دادگستری شهودی را به جایگاه خواندند که مأمورین اف‌بی‌آی بودند و این شهود مسایلی را مطرح کردند که مبتنی بر بررسی مبسوط در بزرگراه‌های خارج از شهر بود. راننده‌ی کامیون از مینیاپولیس به سمت جنوب و به طرف ایالت آیووا و در بزرگراهی حرکت می‌کرده که در نزدیکی مرز ایالتی وارد یک پیچ نود درجه به سمت چپ می‌شود، سپس چند کیلومتری به سمت شرق رفته و بعد در یک پیچ نود درجه‌ی دیگر به سمت راست وارد آیووا می‌شود. مقصرین، طبق نظر اف‌بی‌آی، کامیون را در نقطه‌ای متوقف کرده بودند که مرز دو ایالت درست از وسط جاده می‌گذشت. مأمور اف‌بی‌آی شهادت می‌دهد که کامیون را مقصرین ابتدا در سمت مینه‌سوتا متوقف کرده و بعد اشتباه سرنوشت‌سازی مرتکب شده و کامیون را چند متری به آن‌طرف‌تر بزرگراه کشانده بودند. در نتیجه آن‌ها ظاهراً یک کامیون دزدیده شده را از یک ایالت به ایالت دیگری منتقل کرده بودند که در نتیجه جرمش به دولت فدرال مربوط می‌شد. قاضی این را مستمسک قرار

داد تا بر محکومیت‌ها صحه بگذارد.

فارل دابز شرح ماوقع این محاکمه‌ی پاپوش‌دوزانه و اهمیت‌اش در رشد و توسعه‌ی تهاجم ضدکارگری را در کتاب *سیاست تیمسترها* تشریح و آن را چنین ارزیابی می‌کند: "نحوه‌ی استدلال نیز به اندازه‌ی خود جاده کج و معوج بود."(۱)[1]

با این حال، قاضیِ خوش‌خدمت و هیأت منصفه‌ی مغرض، استدلال‌های وزارت دادگستری و شهادت مأمورین اف‌بی‌آی را پذیرفتند. هر هفت متهم، محکوم شدند. ارل کارپنتر، جک مالونی، فرانسس کوئین، و والتر کاف شولتز[2] تحویل زندان فدرال در سندستونِ مینه‌سوتا شدند. هاوارد فوتز و رالف جانسون[3] در ترِهات در ایالت ایندیانا زندانی شدند. لوئیس میلر[4] تحویل زندان لیون‌ورث در ایالت کانزاس شد. همه‌ی متهمان، هرکدام به دو سال زندان محکوم شدند.

اعضای اتحادیه‌ی تیمسترها سازماندهی برای دفاع از خود را آغاز کردند. توماس اسمیت[5]، دبیر مالی شعبه‌ی ۵۵۴ در ایالت اُماها، طی اعلامیه‌ای ازاعضای اتحادیه و مدافعین حقوق دموکراتیک مصراً خواست که درس‌های برگرفته را دریابند:

> در دفاع از منافع جنبش اتحادیه‌ای در ایالات متحده، ما شرح عملیات ثبت‌شده‌ی اف‌بی‌آی علیه جنبش رانندگان در غرب ــ میانی را ارائه می‌دهیم، با امید به اینکه اتحادیه‌گرایان در هرجا که هستند خوب به این حقایق بیندیشند؛ و با امید فزاینده‌تر به اینکه حتی هم‌اکنون نیز وزن افکار عمومی باعث شود که اف‌بی‌آی از مسیر فعلی‌اش عقب بنشیند، مسیری که بدون شک در خاک آمریکا منجر به رشد و

---

[1] یادداشت‌ها از صفحه‌ی ۱۶۱ شروع می‌شوند.

2 Earl Carpenter, Jack Maloney, Francis Quinn, Walter K. Stultz

3 Howard Fouts, Ralph Johnson

4 Louis Miller

5 Thomas Smith

توسعه‌ی همان نوعی از پلیس سیاسیِ ضدکارگری‌یی خواهد شد که ابزار دست دیکتاتوری‌های درنده‌خوی اروپا و آسیا هستند.

روایت اسمیت از وقایع و توسل‌اش برای جلب حمایت، در نشریه‌ی *سازمانده‌ِ شمال‌غرب*[1]، صدای شعبه‌ی اتحادیه‌ی تیمسترها در مینیاپولیس، منتشر شد. این نشریه تأکید می‌کرد که محاکمه‌ی برگزار شده در سو سیتی، همراه با سایر پاپوش‌دوزی‌هایی که همزمان انجام شده بود، روشن می‌کند "که اف‌بی‌آی به طور سیستماتیک اقدامات ایذایی علیه جنبش کارگری را پیش می‌برد و این کار بخشی از تدارک روزولت برای ورود به جنگ است. روزولت اول می‌خواهد جنبش کارگری را له کند، به خصوص موفق‌ترین و پیشروترین بخش آن را."

هشدارهای توماس اسمیت در نشریه‌ی *سازمانده‌ِ شمال‌غرب* کاملاً بجا بودند. محاکمه‌ی پاپوش‌دوزانه‌ی سو سیتی حاکی از آن بود که وقایع جدیدی در شرف وقوع است.

به مدت چندین سال بعد از جنگ جهانی اول، اف‌بی‌آی کار پلیس سیاسی را انجام می‌داد. این سازمان پلیسی بیش از ۳۰۰۰ نفر از اتحادیه‌گرایان و فعالین سیاسی را (طی یورش‌هایی که به یورش‌های پالمر معروف شدند) در سال ۱۹۱۹ و ۱۹۲۰ دستگیر و از ایالات متحده اخراج کرد. اما، بعد از اعتراضات گسترده بر سر این کارها و سایر عملیات اف‌بی‌آی و همراه با فروکش کردن رادیکالیزاسیون کارگری در دوران بعد از جنگ، حاکمان سرمایه‌داری تصمیم گرفتند که از پلیس مخفی فدرال استفاده نکنند. به جای آن، به پلیس شهر و ایالت که به "جوخه‌های کشف بمب" و "واحدهای رادیکال" مجهز بودند، متکی شدند و در صورت بروز موارد خیلی حاد به گارد ملی ایالتی نیز متوسل می‌شدند. این مأمورین محلی و ایالتی

1 Northwest Organizer

ارتباطات بسیار صمیمانه‌ای با سازمان‌های ضدکارگری "شهروندان" داشتند که کارفرمایان و آژانس‌های منفور کارآگاهان نظیر پینکرتونز[1] ، با تجاربی طولانی در سرکوب اتحادیه‌ها، آن‌ها را متشکل می‌کردند.

اما، در اواسط دهه‌ی ۱۹۳۰ جنبش وسیع اجتماعی‌یی رو به خیزش نهاد که کنگره‌ی سازمان‌های صنعتی (سی‌آی‌اُ)[2] جلودارش بود. رابطه‌ی نیروهای طبقاتی داشت به نفع سازمان‌های طبقه‌ـکارگری تغییر می‌کرد. روش‌های قدیمی کارفرمایان دیگر همیشه کارآمد نبود. گرچه چشم‌انداز کمونیستی آن‌گونه متبلور نشد که به جلب حمایت اکثریتِ زحمتکشان بینجامد و در واقع به عنوان نظرگاه اقلیت کوچکی از زحمتکشان باقی ماند، اما، به هر صورت کارفرمایان نگران شده بودند. چون مواضع سیاسی مترقی و ضدسرمایه‌داری و ضدامپریالیستی رهبران مبارزه‌ی طبقاتی‌ـاندیشِ اتحادیه‌ها کم‌کم داشت در میان بخش مهمی از کارگرانِ صف اتحادیه‌ها گوش شنوا پیدا می‌کرد. نکته در اینجا بود که در دوران بحران، نظیر جنگ، اگر دیدگاه‌های یک اقلیت در نظر رزمندگانِ متشکل و مورد احترام طبقه‌ـکارگر مقبول اُفتد و مورد حمایت‌شان قرار گیرد، می‌تواند خیلی سریع حامیانش را بیابد.

صاحب‌منصبان دولت رییس جمهور وقت، فرانکلین روزولت، با چنین ذهنیتی قدرت پلیس فدرال را هم گسترش دادند و هم متمرکز کردند.

حین افتضاح جنجالی واترگیت در دهه‌ی ۱۹۷۰ و بعد از آن، ابعاد عظیم تخریب، خبرچینی و پرووکاسیون‌های اف‌بی‌آی علیه مردم ایالات متحده به نحو بی‌سابقه‌ای عیان شد. اما، منشأ این عملیات، برخلاف آنچه اغلب مفسرین مطرح می‌کنند، مکارتیسمِ[3] دهه‌ی ۱۹۵۰، یا تلاش واشنگتن برای اخلال در جنبش ضد ـجنگ ویتنام، یا اخلال در اعتراضات اجتماعی دهه‌ی

1 Pinkertons
2 Congress of Industrial Organizations (CIO)
3 McCarthyism

۱۹۶۰ نبود.

واقعیت این است که این عملیات اف‌بی‌آی در آستانه‌ی جنگ جهانی دوم آغاز شد و در پیشبرد اهداف حاکمانِ سرمایه‌دارِ ایالات متحده نقشی مرکزی داشت. چون آن‌ها در آن زمان داشتند کشور را به سوی یک کشتار عالمگیر دیگر هدایت می‌کردند، تا از منافع خود در مقابل رقبای امپریالیست‌شان و همچنین در مقابل مردمان آسیا، آفریقا و آمریکای لاتین، که برای رهایی خود از سلطه‌ی استعمار می‌جنگیدند، دفاع کنند. هدف‌گیری این عملیات به‌سوی رهبری موجود و رهبری بالقوه‌ی دو نیروی اجتماعیِ عمده در ایالات متحده بود که برای خانوارهای حاکم بر ایالات متحده تهدیدی به شمار می‌آمدند و باعث تضعیف آن‌ها در تحقق اهدافشان می‌شدند: یکی اتحادیه‌های کارگری و دیگری جنبش سیاهان. هدف دولت، منزوی ساختن رهبران مبارزه‌ـ‌طبقاتی بود، تا نتوانند جنبش گسترده‌تری را، که ممکن بود رشد و توسعه یابد، هدایت کنند.

جنگ جهانی دوم در سپتامبر ۱۹۳۹ در اروپا آغاز شده بود و این درست چند هفته قبل از دستگیری رهبران اتحادیه تیمسترها در ایالات آیووا و نبراسکا بود. در اول سپتامبر، لهستان را نیروهای مسلح آلمان اشغال کردند. دو روز بعد، فرانسه و انگلستان علیه آلمان اعلام جنگ کردند. واشنگتن اعلام بی‌طرفی کرد و این سیاست را تا زمان حمله‌ی نیروی هوایی ژاپن در دسامبر ۱۹۴۱ به پرل هاربر[1] دنبال می‌کرد. اما، موضع رسمی بی‌طرفی پوششی بود که به دولت روزولت و کنگره فرصت می‌داد تا قدم‌های مشخصی را به سوی جنگ بردارند و در عین حال از بروز بحث در اذهان عمومی، ناشی از جدل در مجلس سنا بر سر پیشنهاد اعلام جنگ، حذر کنند.

حرکت به سمت جنگ بود که تهاجم علیه زحمتکشان در داخل کشور و اقدام علیه حقوق دموکراتیک را کلاً ضروری می‌ساخت. روزولت دستِ جی

1 Pear Harbor

ادگار هوور، رییس اف‌بی‌آی را، در تهاجم علیه جنبش کارگری و سازمان‌های سیاهان باز گذاشت. کاخ سفید و وزارت دادگستری مخفیانه مجوز لازم را برای استفاده‌ی اف‌بی‌آی از روش‌های غیرقانونی صادر کردند و چشم‌های خود را به روی سایر کارهایش بستند.

این اعطای اختیار به اف‌بی‌آی، برای آنکه به عنوان پلیس سیاسی عمل کند، مراحل قانونی را طی نکرد. اگر قرار بود که این مراحل طی شود، می‌باید موضوع به کنگره پیشنهاد می‌گردید و به بحث گذاشته می‌شد. بجای این‌ها، این کار از طریق "حکم قوه‌ی مجریه" صورت گرفت؛ تمهیدی که به زودی جایگاه عمده‌ای در عملکردهای دولت می‌یافت و در دهه‌های بعدی به شکل رو به تزایدی به شیوه‌ی اصلی عملکرد دولت تبدیل می‌شد.

در ۶ سپتامبر ۱۹۳۹، روزولت یک حکم اجرایی صادر کرد و به اف‌بی‌آی دستور داد که "مسئول امور تجسس" در امور مربوط به "جاسوسی، ضدجاسوسی، سابوتاژ، خرابکاری و نقض قوانین بی‌طرفی" بشود. جمله‌واره‌ی کلیدی در اینجا "فعالیت‌های خرابکارانه" بود و مهم‌ترین تصمیم هم همین جا دادن آن در فهرست مسئولیت‌های واگذارشده به اف‌بی‌آی بود. گرچه در خصوص جاسوسی و خرابکاری و نقض "بی‌طرفی" ایالات متحده قوانین موضوعه‌ای موجود بود، اما هیچ قانونی نبود که توضیح دهد "فعالیت‌های خرابکارانه" یعنی چه و چه چیزهایی را ممکن است شامل شود.

دو روز بعد روزولت، این بار هم بر پایه‌ی حکم قوه‌ی مجریه، علل وجودی "اعلام وضعیت اضطرار ملی" را "کشف کرد." این کار اجازه می‌داد که مخارج ارتش افزایش یابد، بدون اینکه لازم باشد از کنگره تقاضای افزایش بودجه بشود و بدین ترتیب از بروز بحث و جدل بر سر گام‌های دولت ایالات متحده به سمت جنگ در محضر افکار عمومی حذر می‌گردید. رییس جمهور هم‌زمان دستور داد که اف‌بی‌آی نیروهایش را تقویت کند. روزولت در مصاحبه‌ی مطبوعاتی اعلام داشت که هدفش از این کار پرهیز از بروز "برخی مسایلی بوده است که" طی جنگ جهانی اول "رخ داد." وی موضوع را

این‌گونه بیان کرد:

> در آن زمان، سابوتاژ وجود داشت؛ تبلیغات زیادی هم در هر دو طرف جنگ در جریان بود، طرح‌های خاصی که حکومت‌های خارجی در این کشور پیش می‌بردند، تا افکار عمومی را تحت نفوذ خود درآورند.... این کارها برای مقابله با آن چیزهاست و مقابله با تبلیغات هر کشور خارجی‌ای در این کشور که گرایش خرابکارانه ـ فکر می‌کنم واژه مناسب همین است ـ علیه دولت ما دارد.

چهل سال بعد، در یک دادگاهی که در شهر نیویورک در میدان فولی برگزار شد، صاحب‌منصبانِ رده‌بالای وزارت دادگستری، برای آنکه اقتدار قضایی لازم را بدست آورند، از روزولت نقل قول می‌کردند؛ اقتداری که طبق قانون اساسی ایالات متحده گویا از "قدرت‌های ذاتی" رییس جمهور نشأت می‌گیرد. بدین ترتیب سعی می‌کردند عملیات جاسوسی، اخلال، و پرووکاسیون علیه جنبش سیاهان و جنبش اتحادیه‌های کارگری و جنبش ضدجنگ ویتنام، مبارزین آزادی زنان و سازمان‌های سیاسی نظیر حزب کارگران سوسیالیست و سازمان اتحاد جوانان سوسیالیست را توجیه کنند.

همگام با جلو رفتن کارِ دادگاهِ رسیدگی به اقامه‌ی دعوای حزب کارگران سوسیالیست در بهار سال ۱۹۸۱ در صحن دادگاهی به ریاستِ قاضی گریسا، به شکل رو به تزایدی روشن می‌شد که این پرونده مسایلی را در بر می‌گیرد که به مراتب فراتر از سوء رفتارهای خاص اف‌بی‌آی است. تکامل تاریخی اف‌بی‌آی بخشی از یک پدیده‌ی گسترده‌تر در ایالات متحده است. سنگ زیربنای تهدیدات علیه حریم خصوصی و حق تشکل عبارت است از حاکمیت دلبخواهیِ یک قدرت اجرایی فدرال. این منبع قدرت، سیاست‌هایی را در داخل کشور و خارج پیش می‌بَرد که کمتر قادر است آن را اعلان و حمایت قابل توجهی برایش جلب کند. در نتیجه، به طور روزافزون به روش‌های مخفیانه متوسل می‌شود تا اهداف مخفی یا نیمه‌مخفیانه‌ی خود را دنبال کند.

یکی از شهود اصلیِ دولت در رسیدگی به پرونده‌ی حزب کارگران سوسیالیست، رابرت کوچ، قایم‌مقام دادستان کل بود. کوچ در آن زمان سومین نفر در رده‌ی سلسله‌مراتبِ وزارت دادگستری بود. یکی از آن افرادی که در سِمَت خود پابرجا هستند، در حالی که سایر صاحب‌منصبانی که در افکار عمومی شناخته شده‌ترند، با تغییر کابینه یا تغییر محورهای سیاسی عوض می‌شوند. هنگامی که او سخن می‌گفت، از زبان کابینه‌ی خاصی نبود، بلکه از طرف خودِ قدرت دولتی سخن می‌گفت.

وظیفه‌ی رابرت کوچ در جایگاه شهود این بود که جا بیندازد که عملیات اف‌بی‌آی علیه حزب، که چندین دهه را شامل می‌شد و از ابتدای تأسیس حزب کارگران سوسیالیست در سال ۱۹۳۸ آغاز شده بود، منطبق بر موازین قانون اساسی بوده، چون مجوزش را رییس جمهور صادر کرده است. طبق نظر کوچ، رییس جمهور ایالات متحده بر طبق قانون اساسی "قدرت ذاتی" دارد تا "دولت را از گزند آنان که درصددند آن را با ابزار و روش‌های غیرقانونی تغییر دهند حفاظت کند." این قدرت اجرایی، منبع اقتدار قانونی برای "تجسس اطلاعاتی" از جمله علیه حزب کارگران سوسیالیست می‌شود. رابرت کوچ شهادت داد که هدف از این‌گونه "تجسس‌ها" این است که ما صاحب‌منصبان حکومتی بتوانیم "قدم‌هایی برای حفاظت از خودمان [!] برداریم و از نوع حکومت‌مان حفاظت کنیم...."

طبق آنچه رابرت کوچ بیان می‌کرد، در سال ۱۹۳۹ روزولت، رییس جمهور وقت، به اف‌بی‌آی اقتدار داد تا به تعقیب حزب کارگران سوسیالیست و سایر فعالین "خرابکار" بپردازد. چون روزولت "می‌خواست بداند که این‌گونه گروه‌ها چه نوع فعالیت‌هایی داشتند و اهداف و مقاصد این گروه‌ها که ممکن بود بر ضد نوع دولت ما اقدام کنند چه بود...." هنگامی که از وی سؤال شد که "فعالیت مضر داشتن" یعنی چه و تفاوتش با اقدامات جنایی چیست، رابرت کوچ چنین پاسخ داد:

> خوب، البته می‌تواند شامل اقدامات زیادی بشود، که لزوماً خلاف قانون هم نیست، اما بر سیاست‌های ایالات متحده تأثیر می‌گذارد. برای مثال، می‌تواند اقدامی باشد در جهت خلاص شدن از برنامه‌ی طبقه‌بندی [اسناد مخفی حکومت]. می‌تواند شامل تهییج برای کنار گذاشتن کامل برنامه‌های امنیتی باشد. می‌تواند قصدش تضعیف دفاع از ایالات متحده باشد....
>
> *راه‌هایی هست که افراد و گروه‌ها می‌توانند کاملاً بر طبق آن عمل کنند که الزاماً شامل نقض موازین قوانین جنایی نمی‌شود.* (تأکید از ماست.)

به عبارت دیگر، ترویج ایده‌ها و انجام فعالیت‌هایی که غیرقانونی نیستند، یعنی بر مبنای تعاریف قانونگذاریِ ارتجاعی هم غیرقانونی تلقی نمی‌شوند، اما، به هرجهت چون از نظر منافع کسانی که در قدرت هستند مضر به نظر می‌رسند، می‌تواند شما را هدفِ پلیس سیاسی قرار دهد.

هنگامی که از او سؤال شد منظور روزولت از واژه‌ی "خرابکاری" چه بود، رابرت کوچ پاسخ داد که اولاً رییس جمهور بیش از هر چیز منظورش کسانی هستند که "سعی دارند افکار عمومی را تحت تأثیر قراردهند تا مانع از ورود ایالات متحده به جنگ شوند و ما را بی‌طرف نگهدارند." روزولت داشت کسانی را هدف حمله قرار می‌داد که از حقوقی مانند حق آزادی بیان برای مخالفت با سیاست‌های دولت استفاده می‌کردند؛ همان حقوقی که در قانون اساسی برایشان منظور شده بود.

برای تعریف چنین استنباطی از اقتدار برای استفاده از قدرت پلیس، به منظور سرکوب ابراز مخالفت و جدل سیاسی در میان مردم، واژه‌ای وجود دارد: *استبداد (توتالیتاریسم)*[1]. این درست همان پدیده‌ای است که توماس اسمیت، صاحب‌منصب اتحادیه تیمسترها در اُماها، در سال ۱۹۳۹ علیه‌اش هشدار داده بود؛ آن موقع او زنگ خطر را به صدا درآورد تا در ایالات متحده

---

1 Totalitarianism

علیه "همان نوعی از پلیس سیاسیِ ضدکارگری" نبرد شود که رژیم‌های سرکوبگر در سایر کشورها بکار می‌برند.

روشن کردن ماهیتِ واقعاً استبدادی این قدرت خودسرانه‌ی حاکمیت و عریان نمودن ریشه‌هایش، یکی از دستاوردهای اصلی کیفرخواست حزب کارگران سوسیالیست بوده است.

هدف تهاجم: مبارزه برای حقوق ملیت سیاه

طبقه‌ی کارفرمایان و حکومت‌شان برای منزوی کردن آن‌هایی که با جنگِ ماورای بحار، که هدفش دفاع از سرمایه‌داریِ آمریکا بود، مخالفت می‌کردند، اولویت بالایی تعیین کرده بودند. حاکمان ایالات متحده جنگی را پیش‌بینی می‌کردند که امپراطوری پهناورشان را بر رقبای امپریالیست‌شان مسلط سازد؛ جنگی که بعد از آن بدون اینکه به چالش کشیده شوند بر مردمان رنگین‌پوست در ابعاد گسترده‌ای در جهان در جهت گسترش عرصه‌ی سرمایه‌ی ایالات متحده حکومت کنند. قدرت بلامنازع آنان در دوره‌ای که آن را "قرن آمریکایی" می‌نامیدند و در انتظار آغازش بودند، به آن‌ها اجازه می‌داد که در داخل کشور بدون مشکل حکومت کنند: طبقه‌ی کارگر را زیر سلطه‌ی خود نگهدارند و "رنگین‌پوستان" را هم کنترل کنند. در عین حال امیدوار بودند جنگی که آلمان علیه اتحاد شوروی راه انداخته بود بتواند به قدری آن دولت کارگری را تضعیف کند که در آینده قادر باشند سرنگونش کنند و آن خطه‌ی گسترده‌ی سرزمین شوروی را برای استقرار مجددِ سرمایه‌داری بگشایند.

هنگامی که واشنگتن خود را برای ورود به جنگ جهانی دوم آماده می‌کرد و پرچم مبارزه با رژیم سفید- برتری‌طلبِ نازی و کشورهای متحدش را برافراشته بود، سیاهان در ایالات متحده علیه ظلم تبعیض‌نژادی نبرد می‌کردند. محور مبارزه‌ی سیاهان، لغو تفکیک‌نژادی بود. تفکیک‌نژادی نه فقط در جنوب حاکم بود، بلکه تک تک نهادهای دولت فدرال در سراسر این سرزمین را هم شامل می‌شد؛ بخش خصوصی و جوانب مختلف زندگی

اجتماعی نیز عمدتاً دچارش بودند. زحمتکشان سیاه، در دوران *بحران عظیم*[۱] حتی بیشتر از همقطاران سفیدشان صدمه دیده بودند. بیکاری در میان کارگرانی که سیاه بودند، به مراتب بیشتر از کارگران سفید بود. کشاورزان سیاه‌پوست، به میزان خیلی بیشتری نسبت به کشاورزان سفید، مزارع خود را از دست دادند. کیفیت امکانات تحصیلی و خدمات بهداشتی و سایر خدمات اجتماعیِ قابل دسترس برای سیاهان، به مراتب بدتر بود.

در بسیاری از نقاط ایالات متحده، به خصوص در جنوب، سیاهان به طور سیستماتیک از حق رأی محروم بودند. با ایجاد ارعاب فرا-قانونی، از قوانین تفکیک‌نژادی حمایت می‌شد، تا کسانی را که علیه این شرایط سعی به متشکل کردن مردم می‌کردند مرعوب کنند. *خِرّه‌کشی*(لینچ)[۲] در مناطق جنوبی امری متداول و نظامی در آنجا حاکم بود که نظام جیم کرو[۳] نامیده می‌شد و مبتنی بر تبعیض شدید علیه سیاه‌پوستان بود. عضویت در تشکیلات ارعاب‌نژادی، نظیر *کوکلاکس‌کلان*[۴]، طیفی را در بر می‌گرفت که شامل پرسنل پلیس، صاحب‌منصبان دادگاه‌ها و مقامات حکومتی هم می‌شد و همه‌ی این‌ها در هم تنیده شده بودند. پاپوش‌دوزی و اعمال خشونت علیه متهمان سیاه‌پوست در سراسر کشور رواج داشت. حتی جنبش کارگری هم در اکثر مناطق کشور دچار تفکیک‌نژادی بود. بسیاری از اتحادیه‌های صنفی کارگران در فدراسیون کارگران آمریکا (ای‌اف‌ال)[۵] به گونه‌ای سازماندهی می‌شدند که مانع عضویت سیاهان شوند و بسیاری از این اتحادیه‌های ای‌اف‌ال، در ایالات جنوبی، شعب تفکیک شده‌ی سیاه و سفید داشتند.

---

1 Great Depression
2 lynching
3 Jim Crow
4 Ku Klux Klan
5 American Federation of Labor (AFL)

خیزش جنبش اتحادیه‌های صنعتی در اواسط دهه‌ی ۱۹۳۰ باعث شد که قدمی بزرگ در جهت مبارزه علیه تفکیک‌نژادی برداشته شود. اتحادیه‌های صنعتیِ نوپا درهای بیشتری را به روی کارگران سیاه گشودند و اغلب فعالانه طالب مشارکت آنان در اتحادیه‌سازی در صنایع پایه شدند. کارگران مبارز سیاه‌پوست فرصت یافتند تا توانمندی‌هایشان را در عرصه‌ی رهبری در بسیاری از نبردهای کارگری به منصه ظهور بگذارند. اما، موانع نژادی هنوز هم همه‌جا، از جمله در درون خود جنبش کارگری، پابرجا بودند.

در آستانه‌ی جنگ جهانی دوم، درصد کارگرانِ سیاه‌پوستِ شاغل در صنایع پایه هنوز هم خیلی پایین بود. اغلبِ کارخانه‌هایی که تولیداتشان مرتبط با جنگ بود، هنوز هم از استخدام کارگرانی که سیاه بودند، حذر می‌کردند. طرح‌های کارآموزی، که بودجه‌شان را دولت فدرال تأمین می‌کرد، کارآموز سیاه نمی‌پذیرفتند و بهانه‌شان این بود که کارخانه‌های مرتبط با جنگ در هر صورت آن‌ها را استخدام نخواهند کرد.

نیروهای مسلح ایالات متحده از بالا تا پایین آغشته به تفکیک‌نژادی بودند. سیاهان به یگان‌های تمام‌سیاه تخصیص می‌یافتند که افسرانشان سفید بودند و مسئولیت‌های آشپزی، باربری، فعلگی یا گماشتگیِ رسته‌ی افسران سفید به سیاهان واگذار می‌شد. ایده‌ی درگیر شدنِ تعداد قابل توجهی از سربازان سیاه در نبرد، برای رده‌ی افسران نظامی و بالادست‌هایشان در واشنگتن حتی قابل تصور هم نبود، چه رسد به اینکه سیاهان، بر پایه‌ای برابر با همتاهای سفیدشان، از حق فرماندهی برخوردار باشند.

اینکه سیاهان در ارتش تا چه حد با نژادپرستی مواجه بودند، از محتوای فرمانی می‌توان دریافت که در یکی از اردوگاه‌های نظامی در ایالت پنسیلوانیا در آغاز جنگ صادر شد. فرمانده اردوگاه اعلام داشت که "هرگونه اختلاط میان سربازان رنگین‌پوست و زنان سفیدپوست، خواه داوطلبانه باشد یا نه،

تجاوز جنسی محسوب خواهد شد." وزارت جنگ در ژانویه ۱۹۴۲ مجبور شد تحت فشار سازمان سراسری برای پیشرفت مردمان رنگین‌پوست [1] این فرمان را لغو کند.

تعداد روزافزونی از سیاهان به این نتیجه رسیدند که وقت آن رسیده که مبارزه علیه این نوع ستم‌نژادپرستانه را تشدید کنند. با توجه به اینکه ایالات متحده تحت لوای دفاع از دموکراسی و علیه دکترین نازی ـ مبنی بر برتری نژادی سفیدها ـ وارد عرصه‌ی جنگ شده بود، بیش از آن دیگر نمی‌شد که مبارزه برای ایجاد تغییرات در داخل آمریکا به تعویق انداخته شود. علاوه بر این، همگام با تبلور جنگ در ماورای بحار، مبارزات آزادی‌بخش ملی، به‌خصوص در آسیا و کشورهای واقع در اقیانوس آرام، پا گرفت و باعث افزایش اعتماد به نفس و فزونی رزمندگی در مبارزه علیه ستمِ نژادی در داخل ایالات متحده شد. در حالی که قدرت‌های امپریالیستی برای باز-تقسیم کره‌ی ارض با یکدیگر می‌جنگیدند، بسیاری از خلق‌های دنیای مستعمرات از فرصت استفاده کرده و مبارزه برای در دست گرفتن سرنوشت خود را پیش بردند. در داخل ایالات متحده نیز مردمان رنگین‌پوست فرصت را غنیمت شمرده و سطح مبارزه برای احقاق حقوق خود را ارتقا دادند.

اما، حاکمان ایالات متحده مبارزه‌ی سیاهان برای مساوات را به گونه‌ای به تصویر کشیدند که گویا هدفی نداشت مگر "اخلال در تلاش برای پیشبرد جنگ." حامیان دولت در جنبش کارگری و سازمان‌های سیاهان چنین استدلال می‌کردند که نبرد علیه نژادپرستی در داخل کشور گرچه ارزشمند است، اما تا زمانی که ایالات متحده در جنگ به پیروزی دست نیافته باید به تعویق افتد. آن‌ها استدلال می‌کردند نباید اجازه داد که مبارزه علیه تبعیض‌نژادی تاجایی پیش برود که به "اتحاد ملی" صدمه بزند و در پیروزی

1 The National Association for the Advancement of Colored People (NAACP)

در جنگ خللی وارد کند. لیبرال‌ها، سوسیال‌دموکرات‌های حزب سوسیالیست[1] و حزب کمونیستِ استالینیستی شده[2]، از جمله مدافعان چنین موضعی بودند.

تعداد رو به تزایدی از سیاهان، به خصوص جوانان، حاضر نشدند این بهانه را برای عدم فعالیت بپذیرند. کارگرِ جوانی در یک کارخانه‌ی هواپیماسازی، در شهر ویچیتا در ایالت کانزاس، در این باره نامه‌ای نوشت که در ژانویه‌ی ۱۹۴۲ در یکی از روزنامه‌های پرتیراژ، به نام پیتزبرگ کوریر[3]، منتشر شد. مخاطبان این روزنامه سیاهان بودند. نویسنده‌ی نامه این احساس را چنین به تصویر کشید:

> اغلب رهبران ما توصیه می‌کنند که ما کلیه‌ی خواسته‌های والای خود را صرف آن خواسته‌ی والاتر کنیم، یعنی پیروزی در جنگ. من با این موافقم. اما، در عین حال در شگفتم که آیا نمی‌شود به طور هم‌زمان به پیروزی دیگری هم دست یافت....
>
> با توجه به اینکه من یک آمریکایی سیاه‌پوست هستم، این سؤالات از درون ذهن من زبانه می‌کشند: "آیا من باید زندگی خود را فدای یک زندگی نیمه‌آمریکایی کنم؟"، "آیا زندگی نسل بعدی که در صلح خواهد زیست بهتر خواهد بود؟"، "آیا این زیاده‌خواهی است که خواستار آن شوم که در ازای فدا کردن جانم یک تمام ـ شهروند شوم؟"، "آیا این آمریکا که من می‌شناسم، ارزش دفاع کردن دارد؟" ...
>
> پیشنهاد می‌کنم ضمن اینکه دفاع و پیروزی را در صدر خواسته‌های خود قرار می‌دهیم، مبارزه برای دموکراسیِ واقعی در داخل را از قلم نیندازیم.

---

1 Socialist Party
2 Stalinized Communist Party
3The *Pittsburgh Courior*

> علامت "وی" V برای پیروزی[1] را کلیه کشورهای به اصطلاح دموکراتیک که علیه تجاوز، برده‌داری و استبداد می‌جنگند، در همه جا نصب می‌کنند. اگر این علامت "وی" برای کسانی که در این تخاصم عظیم درگیر هستند، چنین معنایی دارد، پس بگذارید ما مردمان رنگین‌پوستِ آمریکایی دو "وی" را تصویب کنیم و خواهان پیروزی دوگانه شویم. "وی" اول برای پیروزی بر دشمنان بیرونی و "وی" دوم برای پیروزی بر دشمنان درونی. چون بدون شک کسانی که به این تعصباتِ زشت دامن می‌زنند درصددند تا حکومت دموکراتیک ما را با همان اطمینانی نابود کنند که نیروهای کشورهای محور[2] در پی‌آنند.

روزنامه‌ی پیتزبرگ کوریر این پیشنهاد را پذیرفت و کمپینی با عنوان "دو پیروزی" آغاز کرد. این کمپین در سراسر کشور منعکس شد و قدرت مستتر در آن بیان عزم راسخ سیاهان بود، حاکی از اینکه دیگر حاضر نبودند بپذیرند که خواسته‌شان برای کسب حقوق تمام-شهروندی به تعویق افتد.

اف‌بی‌آی شب و روز مشغول بود تا جلوی گسترش این مبارزه برای کسب حقوق مدنی را بگیرد. متأسفانه حقایقِ مربوط به تهاجم گسترده‌ی اف‌بی‌آی علیه جنبش سیاهان در آن دوران، ناشناخته باقی مانده و فقط گوشه‌کناری از آن مستند و علنی شده است. اما، همان مقدار ناچیزی که آشکار شده به وضوح نشان می‌دهد که کوشش اف‌بی‌آی در پخش تهمت و افترا، پاپوش‌دوزی، حق‌السکوت‌گیری و ترور مالکم ایکس، مارتین لوتر کینگ، حزب ببرهای سیاه[3]، و سایر مبارزان حقوق سیاهان در دهه‌ی ۱۹۶۰، یک انحراف از روش‌های معمولش نبود. بلکه تداوم همان خط‌مشی پیشین بود و آن خط‌مشی روزی آغاز شد که دولت روزولت از اف‌بی‌آی خواست تا علیه

---

1 Victory
2 Axis
3 Malcolm X, Martin Luther King, The Black Panther Party

"افراد و گروه‌های خرابکار" یورش ببرد.

در واقع جمعیت سیاهان، از دیدگاه وزارت دادگستری و اف‌بی‌آی، در مجموع اگر خرابکار هم محسوب نمی‌شدند، حداقل در مظن اتهام بودند. اف‌بی‌آی گزارش مخفیانه‌ای برای دوران جنگ تحت عنوان "ارزیابی شرایط نژادی در ایالات متحده" برای استفاده‌ی دولت روزولت تهیه کرد. در این گزارشِ ۷۱۴ صفحه‌ای، اف‌بی‌آی مسأله‌ای را ـ که آن‌ها عمیقاً نگرانش بودند ـ تحت بررسی قرار داد: "چرا برخی افراد سیاه‌پوست، یا گروه‌های سیاهان یا سازمان‌های سیاه‌پوست‌ها، نسبت به سایر 'نژادهای تیره' (عمدتاً ژاپنی‌ها) ابراز همدردی کرده‌اند؛ یا سیاهان تحت تأثیر کدام یک از نیروها قرار گرفته‌اند که در برخی موارد پذیرای ایدئولوژی‌های آمریکایی‌ـستیز شده‌اند."

گزارش ارزیابی اف‌بی‌آی نتیجه‌گیری می‌کند که گرچه ممکن است قدری گزافه باشد، اگر بگوییم که "سیاهان به طور کلی، یا کل مردمان سیاه‌پوست در یک منطقه‌ی خاصی، خرابکار هستند، یا تحت تأثیر نیروهای ضدـآمریکایی واقع شده‌اند.... اما، باید تأکید شود که تعدادی از سیاهان و گروه‌های سیاه‌پوست‌ها تحت تجسس متمرکزی واقع شده‌اند، چون آن‌ها مکرراً به گونه‌ای عمل کرده‌اند، یا احساساتی از خود بروز داده‌اند، که با تلاش‌های ملتِ در جنگ در تخاصم بوده است."

اف‌بی‌آی بالاخص روزنامه‌هایی نظیر *پیتزبرگ کوریر* را، با توجه به اینکه به دلیل مبارزه برای "دو پیروزی" تیراژش سر به آسمان زده بود، سخت تحت نظر می‌گرفت. گزارش اف‌بی‌آی این واقعیت را اعلام داشت که "نشریات سیاهان مروجِ قدرتمندی برای تحریک نارضایتی در میان سیاهان هستند." (اف‌بی‌آی هم مثل همه‌ی پلیس‌ها تأکید دارد بر اینکه "نارضایتی" حاصل بی‌عدالتی و ستم نیست، بلکه ناشی از اقدامات تحریک‌کنندگان و تهییج‌کنندگان است.) گزارش مخفی اف‌بی‌آی به شکایت خود ادامه داده و

چنین می‌گوید که "لحن کلی نشریات سیاهان در اغلب موارد اصلاً جنبه‌ی اطلاع‌رسانی ندارد و برای نژادش مفید نیست.... بلکه بیشترِ فضایش را، بجای اینکه آموزشی باشد یا کمکی کرده باشد، صرف حوادث تبعیضی یا بدرفتاری با سیاهان می‌کند."

به منظور القای این نکته به سردبیران و نویسندگان روزنامه‌های سیاهان، که مرتب مطالب "عوضی" می‌نوشتند، مأموران اف‌بی‌آی شروع کردند که به‌طور سیستماتیک به سراغشان بروند. مأموران اف‌بی‌آی همچنین شروع کردند سراغ اعضای گروه‌هایی نظیر سازمان سراسری برای پیشرفت مردمان رنگین‌پوست بروند که اغلب با اشتیاق از مبارزه برای دو پیروزی حمایت می‌کردند. بالاخص سازمان سراسری برای پیشرفت مردمان رنگین‌پوست هدف اف‌بی‌آی قرار گرفت، چون هم تعداد اعضایش رو به رشد بود و هم فعالیت‌هایش گسترده‌تر می‌شد؛ لذا اف‌بی‌آی شروع کرد که خبرچین و پرووکاتور به داخل این سازمان بفرستد. هنگامی که پانزده ملوانِ سیاه‌پوست، که در واشنگتن شغل گارسونی برای افسران سفیدپوست به آن‌ها واگذار شده بود، علیه تبعیض‌نژادی اعتراض کردند، واکنش نیروی دریایی این بود که از اف‌بی‌آی بخواهد درباره‌ی معترضین تجسس کند. اف‌بی‌آی ملزم شد که "تجسسات" سراسری و تمام و کاملی را آغاز کند و این استفاده از تعداد کثیری خبرچین در داخل سازمان سراسری برای پیشرفت مردمان رنگین‌پوست را هم شامل می‌شد.

در سال ۱۹۷۵ یک کمیته‌ی مجلس سنای ایالات متحده در این باره چنین نتیجه‌گیری می‌کند: "تجسسات اف‌بی‌آی علیه ان‌دابل‌ای‌سی‌پی [در دوران جنگ] ... باعث شد که مقادیر انبوهی از اطلاعات در پرونده‌های این اداره درباره‌ی سازمان، اعضایش، فعالیت‌های مجازشان در مخالفت با تبعیض، و اختلافات داخلی در برخی از شاخه‌هایش، جمع‌آوری شود. اما این گزارشات

و جمع‌بندی‌هایشان چندان اطلاعاتی ندارد که نشان دهد فعالیت‌های خاص و برنامه‌ریزی‌شده‌ی این سازمان ناقض قوانین فدرال بوده است."

در اواسط سال ۱۹۴۲ دادستان کل، فرانسیس بیدل[1]، چندین تن از سردبیران نشریات هفتگی سیاهان را به ستاد وزارت دادگستری در واشنگتن دی‌سی فرا می‌خواند. بیدل با تکبر به سردبیران گفت که خبررسانی آن‌ها، درباره‌ی درگیری میان سربازان سفید و سیاه در پادگان‌های ارتش، به پیشبرد جنگ لطمه می‌زند. بیدل گرچه دقت و صحت خبرها را به چالش نکشید، با این حال تأکید کرد که چنین اطلاعاتی نباید منتشر می‌شد. دادستان کل، که یک لیبرال و از حامیان سرسخت روزولت بود، به سردبیران گفت که اگر لحن کلام مطالب نشریاتشان را تغییر ندهند، او "درصدد خواهد بود تا همه‌ی آن‌ها را توقیف کند"، آن‌هم به اتهام ترویج آشوب.

بر طبق یکی از اقوال نقل شده از حاضران در این جلسه، سپس بیدل نسخه‌ای از روزنامه‌ی *شیکاگو دیفندر*[2] را در دست می‌گیرد و

> در خصوص یکی از اخبار درج شده در آن گله می‌کند. خبر منتشر شده این بود که نُه سرباز سیاه‌پوست، که در حال انتقال بودند، در هنگام عبور از ایالت آلاباما بیست و دو ساعت گرسنه می‌مانند. چون رستوران‌های سفیدِ ایستگاه‌های راه‌آهن حاضر نمی‌شوند به آن‌ها غذا بدهند. بیدل می‌گوید که بهتر بود چنین مقاله‌ای منتشر نمی‌شد. علاوه بر این، او می‌گوید که تعداد دیگری از مقالات نیز "به سطح ترویج آشوب نزدیک شده‌اند" و اینکه وزارت دادگستری آن‌ها را "از لحاظ ترویج آشوب" در دست بررسی دارد.(۲)

تهدیدات دادستان بیدل، در خصوص تعقیب کیفری به اتهام ترویج

1 Francis Biddle
2 The *Chicago Defender*

آشوب، بدون زمینه نبود. سردبیرانی که او تهدیدشان می‌کرد می‌دانستند که رهبران اتحادیه تیمسترها و حزب کارگران سوسیالیست در سال ۱۹۴۱ در مینیاپولیس به جرم نقض قانون اسمیت به زندان محکوم شده بودند.

قانون اسمیت، ترویج عقاید انقلابی را غیرقانونی کرده بود. علاوه بر آن، در سپتامبر ۱۹۴۲ علیه شصت و سه نفر از اعضای عبادتگاه اسلامی (سیاهان مسلمان)، از جمله رهبرشان آلیجاه محمد، نیز به اتهام ترویج آشوب اعلام جرم شده بود. مسلمانان بدین علت به ترویج آشوب متهم شده بودند که حاضر نشدند تبعیضاتِ رایج ضدژاپنی را بپذیرند و با ژاپنی‌ها، تحت این عنوان که رنگین‌پوست هستند، اعلام همبستگی کردند. این تبعیضاتِ نژادپرستانه بخش اعظم تبلیغات جنگی ایالات متحده را تشکیل می‌داد. گرچه وزارت دادگستری نتوانست اتهام ترویج آشوب را به سیاهان مسلمان بچسباند، اما موفق شد آلیجاه محمد و سایر متهمین را به جرم فرار از خدمت سربازی محکوم کند.

دولت جلوی ارسال روزنامه‌های سیاهان به سربازان مستقر در مناطق ماورای بحار را گرفت؛ چون همچنان نژادپرستی را محکوم و حقایقی را منتشر می‌کردند که به زعم وزارت دادگستری "عوضی" بود. این روزنامه‌ها را اغلب در پادگان‌های داخلی ایالات متحده هم ضبط می‌کردند.

در اوایل سال ۱۹۴۳ اداره‌ی پست ایالات متحده به توصیه‌ی بیدل، دادستان کل، مراحل اداری را طی کرد تا حق ارسال با پست مطبوعاتی را برای چندین روزنامه که علیه تبعیض نژادی مواضع سازش‌ناپذیری داشتند لغو کند. یکی از این نشریات، *میلیتانت* بود که برخی از مقاله‌نویسان و سردبیرانش اعضای حزب کارگران سوسیالیست بودند. ریاست کل اداره‌ی پست ارسال *میلیتانت* را بر این مبنا منع کرد که برخی از مقالاتش "مسأله‌ی نژادی را تحریک می‌کردند." مقصودشان این بود که کلیه‌ی مدافعین حقوق

سیاهان این هشدار را دریابند. نشریه *میلیتانت* بالاخره پس از یک سال مبارزه موفق شد حق ارسال با پست را دوباره کسب کند؛ مبارزه‌ای که از حمایت رهبران گروه‌های سیاهان، اتحادیه‌های کارگری و سازمان‌های حقوق مدنی برخوردار بود.(۳)

تبعیض نژادی، که سیاهان طی جنگ علیه‌اش جنگیدند، فقط علیه سیاهان بکار نمی‌رفت، بلکه دولت نسبت به سایر مردمان رنگین‌پوست نیز همین‌گونه رفتار می‌کرد. گرچه سربازان مکزیکی ـ آمریکایی در واحدهای جداگانه‌ای تفکیک نشده بودند، با این حال در داخل نیروهای مسلح ایالات متحده با تبعیض نژادپرستانه و بدرفتاری مواجه بودند. در سال ۱۹۴۳ پلیس و گروه‌های خودسر سفیدپوست به محله‌های مکزیکی ـ آمریکایی‌ها در لس‌آنجلس چندین یورش بردند و صدها چیکانو[1] (مکزیکی ـ آمریکایی) را ضرب و شتم کردند. گرچه ملوانان و تفنگداران نیروی دریایی بودند که خارج از زمان خدمت در بسیاری از این دسته‌های ضربتِ نژادپرست فعالیت می‌کردند و اعضای آن‌ها را تشکیل می‌دادند، اما صاحب‌منصبان ارتش ایالات متحده هیچ اقدامی برای متوقف ساختن حملات شبانه یا تنبیه افراد درگیر انجام ندادند. و گرچه هیچ یک از اعضای گروه‌های خودسر دستگیر نشدند، اما حدود هفتاد نفر از چیکانوهای ضرب و شتم شده را پلیس بازداشت کرد.

استثمار کارگران مهاجر طی جنگ تشدید شد. در سال ۱۹۴۲ واشنگتن برنامه‌ای را آغاز کرد که اصطلاحاً طرح براسِرو[2] نامیده می‌شد و کارش این بود که برای سرمایه‌دارانِ امور کشاورزی مرتب خیلِ کارگران مهاجرِ فوق‌استثمار شده را برای کار در مزارع از مکزیک وارد کند. دولت ایالات متحده هزینه‌ی ۱۲۰ میلیون دلاری برای سازماندهی تیم‌های اعزامی به

1 Chicanos
2 Bracero Program

مکزیک را برعهده گرفت، تا کارگران را در آنجا جذب و در فصل برداشت محصولات به ایالات متحده منتقل کند. این کارگران فاقد هرگونه حقوقی بودند، قانوناً حق عضویت در اتحادیه‌های کارگری از آنان سلب شده بود و هروقت کارفرمایان هوس می‌کردند از ایالات متحده اخراج می‌شدند.

یکی از علل تنظیم طرح براسِرو، خنثی کردن فشار برای افزایش دستمزد کارگران کشاورزی بود. زمان شروع این فشار، درست بعد از ورود ایالات متحده به جنگ و ناشی از بازداشت کارگران کشاورزیِ ژاپنی-آمریکایی‌بود. این کارگران، جزیی از بیش از صد هزار ژاپنی-آمریکایی‌هایی بودند که طی جنگ جهانی دوم در بازداشتگاه‌ها محبوس شدند.

این اقدام ننگین بر اساس مجوزی صورت گرفت که مبنایش فرمان قوه‌ی اجراییه بود؛ فرمانی که روزولت در فوریه ۱۹۴۲ صادر کرد. روزولت به فرماندهان ارتش مجوزی داد که بر حسب آن قادر بودند مناطق "نظامی را شناسایی کنند، به نحوی که برخی افراد یا همه‌ی مردم حق ورود به آنجا را نداشته باشند...." بلافاصله از قدرت واگذار شده استفاده شد تا ایالات کالیفرنیا، اُرِگان و واشنگتن مناطق "استراتژیک" اعلام شوند و ژاپنی-آمریکایی‌های ساکن این مناطق به اردوگاه‌های اجباری منتقل گردند. با توجه به اینکه بازداشت‌شدگان مجبور بودند ظرف چند روز یا یکی دو هفته مسایل زندگی‌شان را حل و فصل کنند، لاجرم مجبور شدند مزارع، مراکز تجاری و منازلشان را به مراتب زیر قیمتِ روز بفروشند. این‌ها در پشت میله‌های بازداشتگاه‌هایی که در شأن انسان نبودند زندانی شدند. آن‌هم نه بر مبنای جرمی که مرتکب شده بودند، بلکه بر این پایه که اجدادشان ژاپنی بودند. آن‌ها نه تنها بازداشت شدند، بلکه اموالشان هم به نفع طبقات دارا مصادره شد.

در پورتوریکو، مستعمره‌ی ایالات متحده، بسیاری از زحمتکشان حاضر

نبودند مبارزه‌ی خود برای کسب استقلال ملی را به آینده موکول کنند و حاضر نبودند به خاطر آنکه واشنگتن "شرایط اضطراری زمان جنگ" اعلام کرده بود، دست از مبارزه علیه شرایط نامناسب زندگی و محیط کارشان بردارند. کارگرانِ صنعت شکر در مزارع نیشکر و کارخانه‌های قند، با اعلام اعتصاب برای افزایش دستمزدها و ایجاد شرایط مناسب کاری، نبرد کردند. مبارزان استقلال‌طلبِ پورتوریکو، بالاخص در دوران جنگ، هدف تهاجم اف‌بی‌آی قرار گرفتند. چند سال قبل از آن، در سال ۱۹۳۶، پدرو آلبیزو کامپوس[1]، رهبر مرکزی حزب ناسیونالیست پورتوریکو، به جرم توطئه برای سرنگونی دولت و "تهییج برای شورش" علیه ایالات متحده، بدون برخورداری از محاکمه‌ی قانونی، در زندان فدرال آتلانتا زندانی شد. هنگامی که واشنگتن وارد جنگ شد، دولت ایالات متحده به آلبیزو کامپوس و شصت نفر دیگر از ناسیونالیست‌های زندانی پیشنهاد کرد که اگر طی جنگ دست از کلیه فعالیت‌های استقلال‌طلبانه‌ی خود بردارند، آن‌ها را آزاد خواهد کرد. کلیه وطن‌پرستان پورتوریکویی یک صدا با این پیشنهاد مخالفت کردند. حزب ناسیونالیست پورتوریکو با صدور رأی یکپارچه‌ی خود با خدمت نظام در ارتش ایالات متحده مخالفت کرد، چون اعتقاد داشت که "ایالات متحده، پورتوریکو را تحت سلطه‌ی یک حکومت نظامی و غیرقانونی قرار داده است." واشنگتن تعدادی از اعضای حزب ناسیونالیست پورتوریکو، از جمله دبیرکل سابق این حزب، خولیو پینتو گاندیا[2] را به خاطر امتناع از خدمت سربازی محاکمه و زندانی کرد. گاندیا در مصاحبه‌اش با *میلیتانت* در ژوئن ۱۹۴۵ توضیح داد که:

1 Pedro Albizu Campos
2 Julio Pinto Gandía

> من از هیچ کاری شانه خالی نمی‌کنم. بلکه صرفاً حاضر نیستم به عنوان برده‌ی یک قدرت امپریالیستی بجنگم. من هرقدر لازم باشد خواهم جنگید، اما فقط برای آزادی و استقلال مردمم. می‌دانم بسیاری از جوانانِ اهل پورتوریکو در ارتش ایالات متحده می‌جنگند.... آن‌ها فکر می‌کنند که دارند برای آزادی و دموکراسی می‌جنگند. اما، آن‌ها یاد خواهند گرفت ... که چنین جنگی، باید از داخل کشور شروع شود.

در کانادا، همدست شمالی امپریالیست ایالات متحده، مخالفت با جنگ و خدمت نظام‌وظیفه در میان ملت ستمدیده‌ی دیگری عمیقاً نفوذ کرد؛ ملتی که حق استقلالشان زیرپا گذاشته شده بود: مردم کِبِک. در سال ۱۹۴۲ دولت کانادا رفراندومی برای نهادینه کردن خدمت نظام‌وظیفه برگزار کرد. هشتاد درصد مردم کِبِک به این رفراندوم رأی منفی دادند. امتناع از ثبت‌نام برای اعزام و امتناع از خدمت در نیروهای مسلح در ابعاد وسیعی در کِبِک گسترش یافت. دولت کانادا نیز جمعیت ژاپنیِ ساکن سواحل غربی این کشور را راهی بازداشتگاه و اموالشان را مصادره کرد. سازمان‌های سیاسیی که در کانادا با ورود کانادا به جنگ مخالفت می‌کردند، از جمله سازمان کارگران سوسیالیست، سَلَفِ سازمان کارگران انقلابی فعلی، غیرقانونی اعلام شدند.

هدفِ تهاجم: جنبش کارگری

تهاجمی که به منظور ریشه‌کن کردن "خرابکاران" و تحت لوای جنگ برای دموکراسی شروع شده بود، به اعماق وجود جنبش طبقه‌ـکارگری رخنه کرد. احزاب دموکرات و جمهوری‌خواه لفظاً از آزادی‌های منظور شده در قانون اساسی حمایت می‌کردند. اما، این احزاب سرمایه‌داری و منتصبین حکومتی‌شان پشتیبان توسعه‌ی مداوم قوه‌ی مجریه بودند ـ حتی‌الامکان علناً و هر زمان میسر نمی‌شد مخفیانه ـ و بدین ترتیب فضای تحت پوشش منشور حقوق محدودتر می‌شد.

در اواخر دهه‌ی ۱۹۳۰ تدارک برای جنگ، هرچه بیشتر، برای توجیه تنگ کردن عرصه‌ی دموکراسی و محدود ساختن حقوق کارگری استفاده می‌شد. مهم‌ترین مسأله‌ای که جنبش کارگری با آن مواجه بود، چگونگی برخورد با نظامی‌گری طبقه‌ی حاکم بود.

احساس زحمتکشان، علیه بروز یک جنگ امپریالیستیِ دیگر، بسیار قوی بود و نیروهای ضدجنگ در جنبش کارگری و در میان بسیاری از اتحادیه‌گرایان گوش شنوا می‌یافتند. همدلی با مبارزات انقلابی در کشورهای مستعمره ـ برای کسب استقلال و حق تعیین سرنوشت ـ نیز بسیار گسترده بود. به قدرت رسیدن فاشیسم در آلمان و سرکوب جنبش کارگران در آنجا عزم میلیون‌ها کارگر در ایالات متحده را استوارتر کرد، تا سازمان‌های طبقاتی‌شان، اتحادیه‌های کارگری، یعنی سلاح‌های دفاع از طبقه‌ی کارگر و متحدین‌اش را تقویت کنند.

طرز برخورد نیروهای مبارزه ـ طبقاتیِ اتحادیه‌های کارگری در قطعنامه‌ی مصوب سال ۱۹۳۷ اتحادیه‌ی مرکزی کارگری مینیاپولیس به خوبی منعکس شده است. تصویب این موضع محصول یک مبارزه‌ی ضدجنگ بود که

شعبه‌ی ۵۴۴ اتحادیه تیمسترها در مینیاپولیس در رأس آن قرار داشت، همان اتحادیه‌ای که گسترش قدرت تیمسترها را در غربِ میانی از طریق پیروزی بر کارفرمایان در اعتصاب سال ۱۹۳۴ تدارک دیده و راه را بر دگرگونی مینیاپولیس و تبدیل آن به یک سنگر مستحکم اتحادیه‌ای هموار ساخته بود. رهبری شعبه‌ی ۵۴۴ شامل نیروهای کمونیستی بود که باعث شدند حزب کارگران سوسیالیست در سال ۱۹۳۸ تشکیل شود.

نهاد کارگری مینیاپولیس در قطعنامه‌ی خود می‌گوید "تصویب و مقرر می‌شود":

۱ـ که اتحادیه مرکزی مینیاپولیس، در اعلام عزم جزم پنجاه هزار اتحادیه‌گرا، مخالفت خلل‌ناپذیر خود را با کلیه‌ی تدارکات جنگی و بودجه‌ی نظامی و کلیه لوایح مربوط به تدوین آن‌ها ابراز می‌کند و این جنگ را، که در حال تدارک است، جنگی می‌نامد که هدفش فتوحات امپریالیستی است و قویاً مخالفت خدشه‌ناپذیر خود را با هرگونه جنگ‌افروزی این دولت اعلام می‌دارد؛

۲ـ که ما خواستاریم کل بودجه‌ی جنگی، که برای تأمین بودجه‌ی ارتش و توسعه‌ی نیروی دریایی منظور شده است، بلافاصله صرف تأمین اجتماعی بیکاران شود؛

۳ـ ما خواستار فراخواندن فوری همه‌ی نیروهای مسلح ایالات متحده از خاور دور می‌باشیم. چون فقط سرمایه‌داران بزرگ هستند که در آنجا منافعی دارند که باید از آن حفاظت کنند، نه کارگران؛

۴ـ که ما اراده‌ی مصمم کارگران مبارز را به منصه‌ی ظهور می‌گذاریم، و از ... مردم شجاع چین در مبارزه‌شان برای استقلال علیه مهاجمین ژاپنی و سایر استثمارگران خارجی حمایت می‌کنیم؛ و

۵ـ که ما به سایر نیروها در جنبش کارگری خواهیم پیوست، تا با کمک آنان که با ما نظرات مشترکی دارند، قوی‌ترین جنبش ممکن برای مقاومت در مقابل جنگ و جنگ‌طلبان را ایجاد کنیم.

همگام با آشکار شدن اینکه *طرح جدیدِ*[1] روزولت در واقع همان طرح جنگ نیز هست، جنبش کارگری در کل شروع به عقب‌نشینیِ سیاسی کرد. هنگامی که نیمه‌ی دوم سال ۱۹۳۷ فرا رسید، شدت خیزش کنگره‌ی سازمان‌های صنعتی (سی‌آی‌اُ) عمدتاً فرونشسته بود. گرچه هنوز هم اعتصاب‌های مهمی در جریان بود، از جمله در صنایع اتومبیل‌سازی، معادن ذغال‌سنگ، و صنایع تولید فولاد، اما این اعتصابات عمدتاً عملیاتی از نوع آخرین تلاش‌ها بودند. کنترل بوروکراتیک بر اتحادیه‌ها هم در سی‌آی‌اُ و هم در ای‌اف‌ال رو به افزایش بود. هنگامی که دولت ایالات متحده وارد جنگ شد، صاحب‌منصبان عالی‌رتبه‌ی اتحادیه‌ها، به استثنای گروه قابل توجهی که حول جان ال لوئیس[2] در اتحادیه‌ی کارگران متحد معادن آمریکا[3] گرد آمده بودند، از روزولت که اصرار می‌کرد منافع اعضای اتحادیه‌ها باید تحت‌الشعاع "اتحاد ملی" قرار گیرد، حمایت کردند. چنین کاری، بیش از پیش منجر به تضعیف اتحادیه‌ها شد. هرچند که تضعیف اتحادیه‌ها از دید اغلب اعضایشان پنهان ماند، زیرا شروع جنگ باعث شده بود که تولید توسعه یابد و موجبات رونق اقتصادی فراهم آید.

همزمان، جنبش اتحادیه‌ای-کارگری همچنان از موضع خود در صف اولِ مبارزه برای حقوق سیاسی و آزادی‌های دموکراتیک عقب‌نشینی می‌کرد. در دوران خیزش سی‌آی‌اُ، جنبش نوپای اتحادیه‌ای مبارزه می‌کرد تا حق کارگران برای سازماندهی‌شان گسترش یابد و نتیجتاً فضا را برای فعالیت سیاسیِ همگان در ایالات متحده بازتر کرده بود. اما، از آنجایی که صاحب‌منصبان اتحادیه‌ها صف‌بندی کرده بودند تا از جنگِ طبقه‌ی حاکمه، که از پشتیبانی توأمان دو حزب برخوردار بود، دفاع کنند، مرتب به دفاع از

---

1 New Deal
2 John L. Lewis
3 United Mine Workers Union

منشور حقوق نیز پشت می‌کردند؛ حتی هنگامی که مستقیماً به دفاع از حقوق اتحادیه‌ها مربوط می‌شد. سرمایه‌داران نتیجتاً در مجموع دست‌شان برای استفاده از قدرت دولتی، از جمله اف‌بی‌آی و دادگاه‌ها، باز شد تا کسانی را که حاضر نبودند با پیشبرد سیاست‌های روزولت همسو شوند، یا خاموش کنند و یا بکوشند تا منزویشان کنند.

طی مبارزات انتخاباتیِ ریاست جمهوری در سال ۱۹۴۰، روزولت شخصاً دستور نصب ابزار استراق سمع بر تلفن جان ال لوئیس را صادر کرد که در آن هنگام رییس سازمان سی‌آی‌اُ و اتحادیه‌ی کارگران معادن بود. از دیدگاه رییس جمهور، لوئیس علاوه بر اینکه تهدید خاصی محسوب می‌شد، مسأله‌سازِ بالقوه هم به شمار می‌آمد، چون تصمیم گرفته بود تا صف‌بندی را بهم بزند و در انتخابات از روزولت حمایت نکند. سال بعد، هَری بریجس[1]، رهبر اتحادیه‌ی کارگران بارانداز در سواحل غرب[2]، ابزار استراق سمع اف‌بی‌آی را بر روی تلفن‌اش کشف کرد. دولت درصدد بود تا بریجس را بر مبنای مسایل سیاسی از آمریکا اخراج کند. بریجس هم، که علیه اقدامات دولت در حال مبارزه بود، موضوع استراق سمع را علنی کرد.

بیدل، دادستان کل، بعدها راجع به جلسه‌ای صحبت می‌کند که پیرو اعتراضات عمومی علیه نقض حقوق اساسیِ بریجس در کاخ سفید برگزار شد. بیدل می‌نویسد: "هنگامی که همه‌ی این مطالب در روزنامه‌ها منعکس شد، من نتوانستم در مقابل این وسوسه مقاومت کنم که از [ادگار] هوور، [رییس اف‌بی‌آی] بخواهم که ماجرای بدشانسی استراق سمع را مستقیماً برای رییس جمهور تعریف کند. ما باهم به کاخ سفید رفتیم. وقتی ادگار هوور ماجرا را تماماً تعریف کرد، فرانکلین دلور روزولت خیلی خوشش آمد و در حالی که یکی از آن لبخندهای بزرگش را بر لب داشت و کلمات را شمرده شمرده ادا

1 Harry Bridges
2 West Coast Longshore Union

می‌کرد، دستی به پشت او زد و گفت : 'ای ناقلا، ادوارد، این اولین باره که غافلگیرشدی!' این دو مرد از همدیگر خوششان می‌آمد و همدیگر را درک می‌کردند."(۴) این تصویر کوچکی از آن لحظه و خیلی گویاست. رییس جمهور لیبرال، همراه با دادستان کل که به همان اندازه لیبرال است، و رییس اف‌بی‌آی، از ته قلب بر سر نقض *منشور حقوق* می‌خندند.

این یک رویداد منفرد هم نبود. در سال ۱۹۳۷ دیوان عالی ایالات متحده حکمی صادر کرده بود که به موجب آن اف‌بی‌آی نیز ملزم بود که قوانین فدرال را در زمینه‌ی منع نصب ابزار استراق سمع بر تلفن‌ها رعایت کند. حال آنکه در سال ۱۹۴۰ منشیِ روزولت به وزارت دادگستری دستور می‌دهد که رأی صادر شده در دادگاه را نادیده بگیرد:

> من متقاعد شده‌ام که دیوان عالی هرگز چنین منظوری نداشته که راجع به حالت خاصی اظهار نظر کند که به مسایل بسیار حیاتیِ دفاع از کشور مربوط می‌شود.... بنابراین، شما این اقتدار را دارید و به شما دستور داده می‌شود که در این‌گونه موارد، بر حسب تأییدیه شما، بعد از بررسی ضرورت در هر مورد خاص، مجوز لازم را برای هر یک از مأمورین تحقیق صادر کنید و آن‌ها را آزاد بگذارید تا از طریق کاربرد ابزار استراق سمع و سایر وسایل ارتباطی علیه *افرادی که مشکوک به فعالیت‌های خرابکارانه* علیه دولت ایالات متحده هستند، از جمله افراد مشکوک به جاسوسی، اطلاعات لازم را کسب کنند. (تأکید از ماست.)

حدوداً در همان زمان بود که اف‌بی‌آی لشکر خبرچین‌ها و پرووکاتورهای خود را در جنبش‌های کارگری و سیاهان گسترش داد. به افسران عملیاتی اف‌بی‌آی دستور داده شد که از داخل خبرچین جذب کنند و یا آن‌ها را از بیرون در داخل تک تک کارخانه‌هایی بگمارند که تولیداتشان در جنگ مصرف می‌شد؛ یعنی اغلب کارخانه‌های بزرگ کشور. در اواخر سال ۱۹۴۲ تقریباً حدود ۲۴۰۰۰ خبرچین اف‌بی‌آی درباره‌ی فعالیت‌های اتحادیه‌ای و سیاسیِ ۴۰۰۰ کارخانه، معدن و مجتمعات صنعتی گزارش می‌کردند.

پاپوش‌دوزی در مینیاپولیس

در سال ۱۹۴۱ دولت روزولت در اقدامی هماهنگ با صاحب‌منصبان بین‌المللی رده‌بالای اتحادیه تیمسترها ، حرکت هماهنگی را علیه رهبران مبارزه‌ـطبقاتی اتحادیه‌ی تیمسترها در شهر مینیاپولیس آغاز کرد. این رهبری از مواضع‌اش عقب ننشسته بود و همچنان معتقد بود که کارگران باید خود را متشکل سازند و مستقل از نیازها و امتیازهای دولت سرمایه‌داری و احزاب سیاسی‌اش اولویت‌های خود را تعیین کنند. این رهبری همچنان برای ایجاد یک حزب کار بر پایه‌ی اتحادیه‌ها اصرار می‌ورزید؛ از مبارزات آزادی‌بخش مستعمرات حمایت می‌کرد و پرچمدار مبارزه برای احقاق حقوق ملیت‌های ستمدیده در ایالات متحده بود. و چون علیه هرگونه حرکتی در جهت تحلیل بردن قدرت جنبش کارگری بود، با هر حرکتی که منجر به کنترل عوامل و نهادهای حکومتی بر اتحادیه‌ها بشود، مخالفت می‌کرد.

از نظر حقوقی، بارزترین وجه‌مشخصه‌ی تهاجم ضدکارگری دولت روزولت، کاربرد قانون اسمیت بود که در سال ۱۹۴۰ تصویب شد. از زمان *تصویب قانون بیگانگان و شورش‌طلبی*[1] در سال ۱۷۹۸، این نخستین بار بود که *بیان عقاید و اندیشه‌ها* طبق این قانونِ خفقانیِ جدید یک جرم محسوب می‌شد.

در ژوئن ۱۹۴۱، مأمورین اف‌بی‌آی و کلانترهای ایالات متحده به دفاتر شاخه‌ی حزب کارگران سوسیالیست در شهرهای سن پاول و مینیاپولیس یورش بردند. آن‌ها ادبیات کمونیستی موجود در کتابفروشی و کتابخانه‌های محوطه‌ی ساختمان را در کارتن‌های زیادی پر کردند و کشان کشان بردند.

در واشنگتن دی‌سی، دادستان کل، بیدل، خودش طرحی را که برای تعقیب

1 Alien and Sedition Act

کیفری تدارک دیده بود به اطلاع عموم رساند. او به مطبوعات گفت: "رهبران اصلی حزب کارگران سوسیالیست، که تحت تعقیب کیفری قرار گرفته‌اند، رهبران شعبه‌ی ۵۴۴ سازمان سی‌آی‌اُ در شهر مینیاپولیس نیز هستند. تعقیب کیفری بر مبنای قانون جزای ایالات متحده علیه افرادی صورت می‌گیرد که ترویج شورش کرده‌اند که یک فعالیت جنایی است. آن‌ها رهبران حزب کارگران سوسیالیست هستند که کنترل یک اتحادیه‌ی کارگریِ مجاز را در دست گرفته‌اند، تا اهداف غیرمجاز خود را پیش ببرند." از لحن بیدل در هنگام سرزنش سردبیران روزنامه‌های سیاهان می‌توان به خوبی فهمید که واژه‌ی "فعالیت‌های شورش‌طلبی"، از نظر دادستان کل، چه طیف گسترده‌ای را در بر می‌گیرد. از نظر حکومت، هرگونه فعالیت اتحادیه‌ای که مخالف تدارک و حرکت دولت به سوی جنگ بود، غیرمجاز محسوب می‌شد.

دولت در سرکوب شعبه‌ی تیمسترها و حزب کارگران سوسیالیست، سه هدف را دنبال می‌کرد.

اولین هدفش این بود که جنبش کارگری را تصفیه کند و کسانی را که با جنگ امپریالیستی و نظامی‌سازی کشور همراه نبودند، از جنبش کارگری بیرون بریزد و دیگران را چه در داخل اتحادیه‌ها و چه در خارج از آن‌ها مرعوب و مجبور به سکوت کند.

دومین هدف حکومت، محو و نابود کردن دژ قدرت اتحادیه‌ای و دموکراسی‌یی بود که تیمسترهای مینیاپولیس مظهر آن بودند. رهبری آن اتحادیه الهام‌بخش روش‌های مبارزه‌ـطبقاتی در سراسر غرب‌ـمیانی کشور بود و به کارگران آموزش می‌داد که چگونه فعالیت‌های کارگری را بر مبنای آگاهی اجتماعی و استقلال سیاسی از احزاب سرمایه‌داری پیش ببرند. گرچه این رهبران نماینده‌ی دیدگاهی بودند که در جنبش کارگری در اقلیت بود، اما این اقلیت می‌توانست در مرحله‌ای به اکثریت تبدیل شود. مبارزه‌ی آنان می‌توانست تکیه‌گاهی شود که نیروهای عظیمی را از میان بیکاران و سازمان‌نیافتگان، سیاهان و کشاورزان زحمتکش، به اتحادیه‌ها جذب کند.

سومین هدف حکومت، اعمال فشار به حزب کارگران سوسیالیست بود تا آن حزب به سمت زیرزمینی شدن سوق داده شود. می‌خواست حزب را مجبور کند که دست از برخی از فعالیت‌های علنی‌اش بردارد و بپذیرد که حداقل بخشی از کارهایش را باید به طور غیرقانونی انجام دهد. هدف حاکمان این بود که فضای سیاست‌های طبقه‌ـکارگری را محدود کنند.

تغییر رابطه‌ی نیروهای طبقاتی، که به دلیل عقب‌نشینی جنبش کارگری تحمیل شده بود، به دولت سرمایه‌داری اجازه داد که به اهداف اول و دومش دست‌یابد. اما، در هل دادن حزب کارگران سوسیالیست به سمت زیرزمینی شدن کاملاً شکست خورد. یکی از اولین واکنش‌های حزب به کیفرخواست‌ها این بود که جیمز پی کانن را نامزد انتخابات شهرداری نیویورک کند. کانن، دبیر سراسری حزب و یکی از متهمان بود. حزب کارگران سوسیالیست کمپین سرسختانه‌ای را آغاز کرد تا از مردم به تعداد لازم امضا جمع کند و نام کانن را در لیست کاندیدهای حایز شرایط انتخاب شدن درج نماید. حزب همچنین تلاش سراسری برای دفاع را آغاز کرد و این دفاع را تا زمانی که آخرین نفر از متهمین از زندان آزاد شدند ادامه داد. حزب کارگران سوسیالیست در سرتاسر این مبارزه بر حقوق اساسی خود پافشاری و برای پیشبرد فعالیت‌های سیاسی‌اش تلاش می‌کرد. ادبیات مارکسیستی را منتشر و توزیع می‌کرد. در پیشبرد فعالیت‌های اتحادیه‌های کارگری، سازمان سراسری برای پیشرفت مردمان رنگین‌پوست و سایر سازمان‌ها مشارکت می‌کرد. اعضای حزب کارگران سوسیالیست از هر فرصتی استفاده می‌کردند تا ایده‌های کمونیستی را به سربازان توضیح دهند و با تبعیض‌نژادی و سایر بی‌عدالتی‌هایی که علیه شهروند ـ سربازان در نیروهای مسلح رواج داشت، مبارزه می‌کردند.

یکی از نکات مرکزی در محاکمه‌ی مینیاپولیس، موضع حزب کارگران سوسیالیست علیه هرگونه سیاستی بود که حقوق و منافع اعضای اتحادیه‌ها، سیاهان، سربازان، کشاورزان و سایر زحمتکشان را تحت‌الشعاعِ سود و قدرت

استثمارگران قرار می‌داد؛ همان استثمارگرانی که در زمان جنگ خواستار "وحدت ملی" شده بودند، تا بتوانند هرگونه مخالفتی با سیاست‌هایشان را سرکوب کنند. حزب کارگران سوسیالیست توضیح می‌داد که ضرورت مبارزه برای حفظ استقلال اتحادیه‌های کارگری از دولت سرمایه‌داری و مبارزه برای دموکراسی اتحادیه‌ای، نه تنها در زمان جنگ از بین نمی‌رود، بلکه حتی حیاتی‌تر هم می‌شود.

رهبران حزب کارگران سوسیالیست، دادگاه را به تریبونی تبدیل کردند تا دیدگاه‌های حزب نسبت به جنگ را توضیح دهند. آن‌ها توضیح دادند که جنگ جهانی دوم در واقع دربرگیرنده‌ی سه جنگ در لوای یک جنگ است.

اول، توضیح دادند که جنگ برای دفاع از اتحاد شوروی است، که در آن زمان نخستین و تنها دولت کارگری بود، در مقابل تلاش‌های امپریالیستی به سرکردگی حاکمان آلمان که می‌خواستند آن را سرنگون و حاکمیت سرمایه‌داری را دوباره برقرار کنند. جنبش کارگریِ سراسر جهان در این تخاصم، از دولت کارگری شوروی حمایت می‌کرد.

دوم، توضیح دادند که جنگی برای رهایی ملی است، به خصوص در آسیا. خلق‌های چین، هند، ویتنام و سایر خلق‌های مستعمرات، مبارزات عظیمی را علیه اشغال و سلطه‌ی امپریالیستی آغاز کرده بودند و از تضاد موجود میان قدرت‌های امپریالیستی جهان به نفع کسب آزادی خودشان استفاده می‌کردند. در این جنگ، همه‌ی نیروهای مترقیِ بشریت، دوشادوش خلق‌های مستعمرات، در مقابل اربابان امپریالیست‌شان ایستادند.

سوم، توضیح دادند که جنگی میان امپریالیست‌های رقیب، بر سر سلطه بر جهان است. در این تخاصم، حاکمان امپریالیستِ ایالات متحده و متحدین‌اش تلاش می‌کردند تا حمایت زحمتکشان را نسبت به خود جلب کنند و برای این‌کار وانمود می‌کردند که هدفشان شکست فاشیسم و دفاع از دموکراسی است. اما، همان‌طور که جیمز پی کانن در دادگاه و از جایگاه شهود اعلام کرد، زحمتکشان ایالات متحده فقط از طریق استحکام

سازمان‌های خودشان می‌توانند با فاشیسم مبارزه کنند، نه از این طریق که مبارزه‌ی خود را تحت‌الشعاع حمایت از حکومت‌های امپریالیستی قرار دهند، خواه در زمان جنگ باشد یا صلح. از کانن سؤال شد:

> در مورد این ادعا که جنگیدن علیه هیتلر به معنی جنگ دموکراسی در مقابل فاشیسم است، موضع حزب چیست؟
>
> ج: ما می گوییم که این طفره رفتن از حقیقت است و تخاصم ایجاد شده میان امپریالیسم آمریکا و امپریالیسم آلمان بر سر تسلط بر جهان است. این کاملا صحیح است که هیتلر در صدد است تا بر جهان مسلط شود. اما، این امر در مورد نیات هیأت حاکمه‌ی سرمایه‌داران آمریکایی نیز به همان میزان صادق است و ما طرفدار هیچ‌یک از آن‌ها نیستیم.
>
> ما فکر نمی‌کنیم شصت فامیلی که مالک ثروت آمریکا هستند درصددند این جنگ را بر سر اصول مقدس دموکراسی راه بیندازند. ما فکر می‌کنیم که آنان بزرگ‌ترین دشمن دموکراسی در کشور خود هستند. فکر می‌کنیم که آنان از وجود جنگ استفاده خواهند کرد تا تمامی حقوق مدنی را در این کشور زیر پا بگذارند و تا جایی که برایشان مقدور باشد، از الگوی فاشیسم تبعیت خواهند کرد.(۵)

اتهامات وارده از جانب دولت ایالات متحده در این دادگاه، فقط بر مبنای گزارشات خبرچین‌های اف‌بی‌آی و سایر مخالفان رهبری منتخب شعبه‌ی ۵۴۴ اتحادیه‌ی تیمسترها بود. مضاف بر این‌ها، مدارک ارایه شده عبارت بودند از یک نسخه از *مانیفست کمونیست* و سایر کتب و جزوات مارکس، انگلس، لنین، و تروتسکی[1] که از قفسه‌های کتابفروشی برداشته و ضبط کرده بودند.

هیأت منصفه‌ی حاضر در دادگاه، هیجده تن از بیست و هشت نفر متهمین را محکوم کرد و آن‌ها را مجرم شناخت. جرم اعلام شده عبارت بود

1 V.I Lenin, Leon Trotsky

از توطئه "برای توصیه و آموزش اینکه سرنگونی و نابودی دولت ایالات متحده، با توسل به زور و خشونت یک وظیفه است، ضروری است، مطلوب است و حقانیت دارد...." زمان ابلاغ احکام، ۸ دسامبر ۱۹۴۱، یعنی یک روز بعد از حمله‌ی نیروهای ژاپنی به پایگاه اصلی نیروی دریایی ایالات متحده در هاوایی، مستعمره‌ی ایالات متحده بود، همان روزی بود که کنگره رسماً اعلان جنگ کرد. دوازده نفر از متهمین به شانزده ماه حبس در زندان فدرال و شش متهم نیز به یک سال زندان محکوم شدند.

معترضین به این کیفرخواستِ سیاسی، دست به دست هم دادند تا کمیته‌ی دفاع از حقوق مدنی(سی‌آردی‌سی)[1] را سازماندهی کنند. رأی محکومیت باعث شد دامنه‌ی اعتراضات گسترده شود. شعبه‌های اتحادیه‌ها و بدنه‌های مرکزی کارگری به نام بیش از پنج میلیون کارگر اعتراضات خود را ابراز کردند. بدنه‌های اتحادیه‌ها به کمیته‌ی سی‌آردی‌سی کمک‌های مالی کردند، تا مخارج درخواست استیناف را بپردازد و اخبار مربوط به پرونده را پخش کند. حمایت بخش‌های سازمان سراسری برای پیشرفت مردمان رنگین‌پوست از سراسر کشور سرازیر شد. دابلیویی‌بی دو بویز[2]، تاریخ‌نگار و رهبر احقاق حقوق سیاهان، همبستگی خود را با متهمین قانون اختناقی اسمیت اعلام کرد. آدام کلیتون پاول[3]، که در آن زمان عضو شورای شهر نیویورک و یکی از شخصیت‌های برجسته‌ی جامعه‌ی سیاهان بود، اعلام کرد: "هرگاه حقوق مدنی یک آمریکایی و یا گروهی از آمریکاییان تهدید می‌شود، آن‌گاه حقوق مدنی همه به خطر افتاده و این است معنی محکومیت‌های مینیاپولیس." اتحادیه‌ی حقوق مدنی آمریکا[4] حمایت خود را از درخواست استیناف اعلام کرد و هشدار داد که قانون اختناقی اسمیت "سلاح خطرناکی

---

1 Civil Rights Defense Committee (CRDC)
2 W.E.B. Du Bois
3 Adam Clayton Powell
4 American Civil Liberties Union (ACLU)

علیه حقوق مدنی کارگران و طیفی از رادیکال‌های گوناگون است."

اما، حمایت از تلاش‌هایی که برای دفاع از متهمین صورت می‌گرفت در جنبش طبقه-کارگری یکدست نبود. اغلب صاحب‌منصبان سازمان‌های کارگری ای‌اف‌ال و سی‌آی‌او سکوت اختیار کردند؛ برخی از آن‌ها حتی در اذهان عمومی از احکام صادره دفاع کردند.

حزب کمونیستِ استالینیستی شده، موضع خیانت‌آمیزِی اتخاذ کرد: از دولت روزولت پشتیبانی سیاسی و از خواسته‌ی او برای "اتحاد ملی" دفاع کرد. در جنبش اتحادیه‌ای، حزب کمونیست یکی از پرشورترین حامیان *تعهد علیه اعتصاب*[1] برای دوران جنگ بود که بالاترین رده‌های صاحب‌منصبان کارگری بر سر آن توافق کرده بودند. هنگامی که در سال ۱۹۴۳ اتحادیه‌ی کارگران متحد معادن اعتصاب کرد، *دیلی ورکر*[2]، نشریه‌ی حزب کمونیست، با آن مخالفت کرد و خواستار آن شد که "خط‌مشی [جان ال] لوئیس" که زیر بار تعهد علیه اعتصاب نمی‌رفت، "کاملا شکست داده شود." در جنبش سیاهان نیز حزب کمونیست بر مبنای اینکه تأکید اضافی علیه تبعیضات نژادی در ارتش و کارخانه‌هایی که نیازهای جنگ را تولید می‌کردند، باعث می‌شود که "اتحاد ملی" خدشه‌دار شود، با مبارزه برای دو پیروزی مخالفت می‌کرد. علاوه بر این‌ها، حزب کمونیست از بازداشت ژاپنی-آمریکایی‌ها حمایت کرد، اعضای ژاپنی-آمریکایی را از حزب کنار گذاشت و مصرانه از آن‌ها خواست که در مقابل حصر اجباریشان در اردوگاه‌ها مقاومت نکنند.(۶)

در هماهنگی با این مواضع، حزب کمونیست از احکام صادره علیه متهمین مینیاپولیس حمایت کرد. نشریه *دیلی ورکر* به کسانی که از کمیته‌ی دفاع از حقوق مدنی حمایت می‌کردند برچسب زد و آن‌ها را "ابزار" مورد استفاده‌ی "عوامل هیتلر" نامید.

---

1 *No strike pledge*
2 *Daily Worker*

هنگامی که احکام متهمین اعلام شد، *دیلی ورکر* در ۱۹ دسامبر مقاله‌ی مبسوطی به قلم کارل وینتر[1] منتشر کرد که عنوانش بود "دادگاه مینیاپولیس نشان می‌دهد کارگران به تروتسکیایت‌ها اطمینان نمی‌کنند." نویسنده، وینتر، استدلال کرد که نباید هیچ‌گونه حمایتی از متهمین مینیاپولیس صورت بگیرد، چون وجود این متهمین در جنبش کارگری موجه نیست. وینتر نوشت که اگر قرار باشد از کیفرخواهانِ فدرال انتقاد شود، به خاطر این خواهد بود که تصویری از رهبران حزب کارگران سوسیالیست در ذهن مردم ایجاد کرده‌اند که گویا این‌ها کمونیست‌های انقلابی هستند و نه عوامل هیتلر. او ادامه می‌دهد:

> کمتر توجهی شد به موضوعاتی نظیر اینکه این متهمین، ستون پنجم و خادمان هیتلریسم هستند و کارشان برهم زدن وحدت در میان صفوف کارگران، تلاش برای سست کردن و تضعیف تلاش همه‌جانبه برای دفاع و تحریک خبیثانه علیه اتحاد شوروی است. بجای همه‌ی این‌ها، محاکمه‌کنندگان گول ظاهر نقاب "رادیکالی" را خوردند که همه‌ی این کارها تحت لوای آن صورت می‌گرفت و از تظاهرِ تروتسکیایت‌ها به اینکه سازمان مبارز طبقه‌ـکارگری هستند، استفاده شد تا نخستین محکومیت تحت قانون ارتجاعی اسمیت را اعلام کنند.
>
> گرچه این محاکمه باعث هشیاری جنبش کارگریِ مینه‌سوتا و محافل مترقی نسبت به خطر سوءاستفاده از این رویه‌ی قضایی شده، اما در عین حال عموماً منجر شده به اینکه "رادیکال" بودن تروتسکیایت‌ها را برخلاف تصویری که کیفرخواست از آنان ساخته به زیر سؤال ببرند و ارزششان را آن‌گونه که هستند دریابند و بدانند که همانا نوکران ارتجاع هستند. این نکته حایز اهمیت است که هیچ شعبه‌ی محلی اتحادیه‌ای، به جز مواردی که تحت کنترلشان است، پا پیش نگذاشته تا از درخواست یاریِ تروتسکیایت‌ها حمایت کند....

1 Carl Winter

> اگر کیفرخواست دولت فدرال علیه تروتسکیایت‌ها نتوانست خصلت ستون پنجمی آن‌ها را برملا سازد، حوادثِ در جریان و هشیاریِ رو به رشد مردم آمریکا به زودی دندان نیش این افعی‌های نهفته در صفوف کارگری را خواهد کشید.

به راحتی می‌توان دریافت که این موضع چقدر به جنبش طبقه‌ـکارگری و مبارزه علیه امپریالیسم صدمه می‌زد. اما، درک مطالب دیگر به همین سادگی نیست. نمی‌توان به سادگی فهمید که چرا این تعداد وسیع از رهبران و اعضای حزب کمونیست معتقد بودند که این موضع صحیح است؛ همان‌طور که عمیقاً معتقد بودند که منع اعتصاب در دوران جنگ بسیار اساسی است و مبارزه برای حقوق مدنی سیاهان باید به تعویق بیافتد.

سیل کتب و مقالاتی که اخیراً تاریخ‌نگارانِ دانشگاهی و اعضای سابق حزب کمونیست جاری ساخته‌اند، اصلاً در این باره روشنگری نمی‌کند. ضدکمونیست‌های لیبرال و سوسیال‌دموکرات‌ها استدلال می‌کنند که رهبران حزب کمونیست صرفاً فرمانبردار مسکو بودند؛ اعضا هم یا تخدیر شده بودند یا فاسد، تا با مواضعی که نمی‌فهمیدند یا به آن‌ها اعتقاد نداشتند، همراه شوند. کسانی که در گذشته حامی آن حزب کمونیست بودند، اغلب سعی می‌کنند به گونه‌ای احساسی برخورد کنند و می‌گویند مواضع حزب راجع به سیاست‌های جهانی اساساً ربطی به کارهای سیاسی روزمره‌ی اعضای حزب نداشت. خود حزب کمونیست هم امروزه برخی از مواضع حاد اتخاذ شده در دوران جنگ جهانی دوم را تخطئه می‌کند و بر آن‌ها به عنوان زیاده‌روی‌ها خط بطلان می‌کشد و آن‌ها را به حساب یک فرد خاص می‌گذارد: ارل بِراودر[1]، دبیرکل حزب در آن دوران. (اِرل براودر در ژوییه ۱۹۴۵ بدون تشریفات و به دستور رهبری حزب شوروی از سِمتش عزل شد.)

---

1 Earl Browder

همه‌ی این توضیحات غلط است. هیچ‌کدام توضیح نمی‌دهند که ده‌ها هزار نفر، که خود را مبارزان متعهد کمونیست می‌شمردند، به چه دلیل مواضع سیاسی حزب کمونیست را باور داشتند و در دفاعش استدلال می‌کردند. آن‌ها نه ابله بودند و نه بزدل. و در مجموع صرفاً نه دنبال جاه و مقام بودند و نه فرصت‌طلب.

مبارزان طبقه‌ـکارگریِ انقلابی‌اندیش، که به حزب کمونیست می‌پیوستند، این درک را داشتند که جنبش کارگری در همه‌جا باید در مقابل امپریالیسم از دولت کارگری شوروی حمایت کند. آن‌ها تشخیص می‌دادند که اتحاد شوروی یکی از دستاوردهای تاریخی طبقه‌ی کارگر جهان است. اما، در حزب کمونیست به آن‌ها آموزش داده می‌شد که دفاع از نیازهای مقطعیِ دولت شوروی، آن‌گونه که رژیم استالین آن را تعیین می‌کرد، بهترین طریق دفاع از منافع طبقه‌ی کارگر در ایالات متحده و جهان است و این دو بر هم منطبق هستند. بنابراین، کلیه‌ی ملاحظات دیگر باید تحت‌الشعاع سیاست‌های جاری دولت شوروی قرار می‌گرفت. مواضع اصلی حزب کمونیست ایالات متحده و سایر کشورها بر مبنای دیپلماسی استالین دیکته می‌شدند، که خود مکرراً دچار تغییر موضع می‌شد. اعضای حزب کمونیست معتقد بودند که این کار در جهت منافع طبقه‌ی کارگر ایالات متحده و جهان است و عمیقاً به آن اعتقاد داشتند. کسانی که با این چشم‌انداز موافق نبودند، مدت زیادی در حزب دوام نمی‌آوردند.(۷)

بعد از کنگره‌ی هفتم بین‌الملل کمونیست، که در اوت ۱۹۳۵ برگزار شد، حزب کمونیست ایالات متحده علناً به سوی حمایت سیاسی از دولت روزولت و "طرح جدیدش" چرخش زد. این با خط جدید "جبهه‌ی مردمی" استالین همخوانی داشت. خطی که معتقد بود تنها راه شکست فاشیسم هیتلری و تهدید رو به تزایدش علیه اتحاد شوروی، تحت‌الشعاع قرار دادن سیاست‌های مستقل طبقه‌ـکارگری برای متحد شدن با حکومت‌های بورژوا و احزاب لیبرال

″ یک تضادی رو به رشد بود. تضاد میان آنچه طبقه‌ی حاکمه‌ی ایالات متحده مجبور است علیه دشمنان طبقاتی‌اش در داخل کشور انجام دهد و آنچه می‌تواند به عنوان اهداف و روش‌هایش علناً اعلام کند.″

عکس از فلاکس هرمِس**Flax Hermes**/ هفته‌نامه‌ی میلیتانت

عکس از گلن کمپبل**Glen Campbell** / *میلیتانت*

در اوایل دهه‌ی ۱۹۷۰، برملا شدن احداث شنود و سرقت دولت نیکسون علیه رقبای سیاسی سرمایه‌داریش در جریان ″واترگیت″ باعث شد توجه عمومی به سمت عملیات مخفیانه‌ی پلیسی اف‌بی‌آی و سیا و سایر سازمان‌های پلیس سیاسی جلب شود. حزب کارگران سوسیالیست در سال ۱۹۷۳ علیه خبرچینی‌های حکومت و ایجاد اخلال در سازمان‌های طبقه‌ـکارگری به دادگاه شکایت کرد.

بالا: نیویورک، ژوئیه ۱۹۷۳، مصاحبه‌ی مطبوعاتی برای اعلام کیفرخواست حزب کارگران سوسیالیست. از سمت راست: لیندا جِنِس Linda Jennes، کاندید حزب در انتخابات ریاست جمهوری ایالات متحده در سال ۱۳۷۲؛ وکیل مدافع قانون اساسی، لئونادر بودین؛ اندرو پولیAndrew Pulley، کاندید حزب کارگران سوسیالیست برای معاونت ریاست جمهوری.
پایین: صف اعتراض علیه رییس اف بی آی، کلارنس کِلیClarence Kelley، در شهر کلیولند، سپتامبر ۱۹۷۶.

"به تدریج که حقایق درباره‌ی کوینتل‌پرو و سایر عملیات اف‌بی‌آی برملا شد، بیش از پیش روشن شد که استفاده‌ی حکومت سرمایه‌داری از این روش‌ها علیه دشمنان طبقـاتی‌اش در خارج، بسط جنگ‌اش علیه دشمنان طبقاتی‌اش در درون کشور است."

عکس از مارک ساتینف Mark Satinoff / میلیتانت

عکس از استوارت کایل Sturt Kiehl / میلیتانت

حکومت ایالات متحده علیه سازمان‌های حقوق سیاه، آزادی زنان، ضدجنگ و کمونیست، از روش‌های ایذایی و ایجاد اخلال استفاده کرد.

بالا: نوامبر ۱۹۷۱، تظاهرات در واشنگتن دی‌سی در حمایت از حق زنان برای انتخاب کورتاژ.

پایین: مه ۱۹۷۱، تظاهرات در نیویورک که خواسته‌اش خروج فوری ارتش ایالات متحده از ویتنام بود.

عکس از اِلی فاینر Eli Finer / میلیتانت

SAC, NEW YORK

SOCIALIST WORKERS PARTY
IS - SWP
DISRUPTION PROGRAM

ReBulet to NY, 5/25/65.

Since the death of MALCOLM X both the Muslim Mosque, Inc. (MMI) and the Organization of Afro-American Unity, Inc. (OAAU) have been declining in strength and influence.

Bureau approval is requested to instruct a selected few informants to emphasize in conversations regarding the SWP that the Party is anti-religious. It is believed that if this basic issue becomes commonly known as a point of difference, it would serve to drive a wedge between the followers of MALCOLM X and the SWP, thus foiling efforts of the Party to recruit in this Negro field.

بالا: مالکم ایکس (سمت راست) در حال سخنرانی در تریبون کارگری میلیتانت، نیویورک، ژانویه ۱۹۶۵. کلیفتن دِبری Clifton DeBerry (سمت چپ) کاندید حزب کارگران سوسیالیست در انتخابات ریاست جمهوری سال ۱۹۶۴، رییس جلسه.

پایین: سند اف‌بی‌آی، مه ۱۹۶۵ اف‌بی‌آی به مأموران مخفی‌اش می‌گوید که از تاکتیک‌های اخلال‌گرانه استفاده کنند "تا میان هواداران مالکم ایکس و حزب کارگران سوسیالیست شکاف ایجاد کنند."

"در اواسط دهه‌ی ۱۹۳۰، یک جنبش گسترده‌ی اجتماعی در معادن، صنایع فولاد و کارخانه‌ها در حال خیزش بود. کارفرمایان می‌دانستند نظراتی که رزمندگانِ کمونیست طبقه‌ـ‌کارگر از آن‌ها دفاع می‌کردند، می‌توانست به سرعت حمایت دیگران را جلب کند."

بالا: سن‌لوییس، مه ۱۹۳۲، کهنه‌سربازان بیکار جنگ جهانی اول در حال حرکت به سمت واشنگتن دی‌سی، خواستار "کمک هزینه‌ی سربازان" شدند. "تظاهرات کمک‌هزینه" یکی از نخستین اقدامات توده‌ای زحمتکشان در دوران "بحران ویژه" بود.

پایین: اعضای اتحادیه تیمسترها در اعتصاب ۱۹۳۴ در حال دفاع از خود در مقابل تهاجم پلیس. فعالیت‌هایی که پنج هفته طول کشید، اتحادیه را در تمامی صنعت کامیون‌رانی شهر مستقر کرد و فتح بابی شد برای سازماندهی رانندگان کامیون‌های جاده‌ای و سایر کارگران در غرب میانی ایالات متحده.

Minnesota Historical Society
عکس از: انجمن تاریخی مینه‌سوتا

عکس از: آسوشیتد پرس/ واید ورلد
AP/Wide World

عکس از: کتابخانه امور کارگری والتر پی روتر Walter P. Reuther Labor Library

بالا: منطقه‌ی گرانت کانتی در مینه‌سوتا، سال ۱۹۳۵. تظاهرات *سازمان هالیدی کشاورزان* Farmers Holiday Association که علیه سلب حق مالکیت از زمین‌شان مبارزه کردند و برای ممانعت از توزیع محصولاتشان در بازار سازماندهی کردند، تا بتوانند پول بیشتری از تاجران سرمایه‌دار محصولات غذایی بگیرند.

وسط: رییس سازمان اف بی آی، جی ادگار هوور (سمت راست پرچم) در کاخ سفید، مه ۱۹۳۴، در زمانی که رییس‌جمهور فرانکلین روزولت در حال امضای قوانینی بود که قدرت پلیس فدرال را افزایش می‌داد تا علیه جنبش کارگری بکار گرفته شود.

پایین: ژانویه ۱۹۳۷، اعتصاب نشسته در کارخانه جنرال موتور، در شهر فلینت در میشیگان. کارگران اعتصابی موفق شدند "اتحادیه‌ی کارگران خودروسازی" United Auto Workers را بر مبنای اتحادیه‌ـ صنعتی به رسمیت بشناسانند.

"در سال ۱۹٤۱ دادستان‌های فدرال علیه رهبری تیمسترها در مینیاپولیس و حزب کارگران سوسیالیست وارد عمل شدند. آن‌ها برای نخستین بار برای کاربرد قانون اسمیت دست بکار شدند. به موجب این قانون، صِرفِ بیان عقاید، جنایت محسوب می‌شد."

THE INDUSTRIAL ORGANIZER

Official Organ of Motor Transport and Allied Workers Industrial Union Local 544-CIO

Labor Fighters Against War Go On Trial Monday

Blair's Latest Move: Backs Company Union

Hounded by Biddle For Anti-War Views

Tobin's Quislings and Blair

THE MILITANT

Formerly the SOCIALIST APPEAL

Official Weekly Organ of the Socialist Workers Party

SOCIALIST WORKERS PARTY, 544-CIO LEADERS INDICTED

Indicted Union Leader

Indicted Party Leader

FBI Frameup Is Aid To Tobin's Anti-CIO Drive

Crushing Of Minneapolis Truck Drivers Is Aim Of Federal Indictments; Roosevelt Thus Pays His Political Debt To AFL And Tobin

James P. Cannon's Statement On FBI Frameup of the CIO and SWP

The Honor Roll: Those Indicted In St. Paul

Roosevelt Ordered FBI To Aid Tobin Against CIO, Says Goldman

عکس از هفته‌نامه‌ی میلیتانت

هیجده رهبر شعبه‌ی ۵۴۴ کنگره‌ی سازمان‌های صنعتی و حزب کارگران سوسیالیست در سال ۱۹۴۱ بر مبنای اتهامات پاپوش‌دوزانه‌ی "توطئه برای ترویج سرنگونی حکومت ایالات متحده با توسل به زور و خشونت" محکوم و دو سال بعد زندانی شدند. حاکمان ایالات متحده قصد داشتند اتحادیه‌ها را از وجود کسانی که مخالف اهداف جنگی امپریالیستی بودند، تصفیه کنند، پایگاه مستحکم قدرت اتحادیه‌ای در مینیاپولیس را درهم بکوبند و حزب کارگران سوسیالیست را مجبور کنند که دست از فعالیت علنی بردارد.

صفحه‌ی روبرو، سمت راست: یورش اف‌بی‌آی به ستاد حزب کارگران سوسیالیست در مینیاپولیس در ژوئن ۱۹۴۱ و ضبط و حمل جعبه‌های زیادی از کتب، جزوات و روزنامه‌ها.

صفحه‌ی روبرو، سمت چپ: نسخه‌ای از نشریه *میلیتانت* در سال ۱۹۴۱ و همچنین خبرنامه‌ی *سازمانده*، روزنامه‌ی شعبه‌ی ۵۴۴ کنگره‌ی سازمان‌های صنعتی که علیه پاپوش‌دوزی ضدکارگری دولت روزولت کمپین راه انداخته بودند.

بالا: مینیاپولیس، ۳۱ دسامبر ۱۹۴۳، رهبران حزب کارگران سوسیالیست و شعبه‌ی ۵۴۴ کنگره‌ی سازمان‌های صنعتی در حال رژه به سمت دادگاه فدرال برای آغاز دوران حبس‌شان که تا شانزده ماه طول کشید. در جلو صف، از سمت چپ، وی آر دان، V.R. Dunne جیمز پی کانن و کارل اسکوگلند.

"طی دوران جنگ جهانی دوم، بسیاری از زحمتکشان حاضر نبودند تحت لوای 'شرایط اضطراری دوران جنگ' دست از مبارزه علیه شرایط فلاکت‌بار زندگی و اشتغالشان بردارند."

بالا: اعضای اتحادیه‌ی کارگران متحد معادن در حال اعتصاب در ایالت اُهایو، مه ۱۹۴۳. در پاسخ به تهدیدات اعتصاب‌شکن دولت، کارگران اعلام کردند که "با سرنیزه که نمی‌توانید زغال سنگ استخراج کنید."

در سال ۱۹۴۱ سازمان‌های مدافع حقوق سیاهان فراخوان تظاهرات بر واشنگتن را صادر کردند، تا به تفکیک نژادی در صنایع جنگی و نیروهای نظامی خاتمه دهند. رهبران، تحت فشار حکومت، تظاهرات واشنگتن را لغو کردند. اما در سال‌های ۱۹۴۲ و ۱۹۴۳ همایش‌های توده‌ای را در نیویورک، شیکاگو، دیترویت و جاهای دیگر سازماندهی کردند.

عکس پایین: جزوه‌ای که انتشارات پایونیر، Pioneer Press سَلَف انتشارات پاث‌فایندر، در سال ۱۹۴۱ در حمایت از تظاهرات در واشنگتن منتشر کرده بود؛ یکی از پوسترهای تبلیغ خواسته‌های تظاهرکنندگان.

بالا: یابوکوآ، پورتوریکو، ژانویه ۱۹۴۲. کارگران صنعت قند و شکر اعتصاب کردند و این ادعا را که "امنیت ملی را دچار اختلال کرده‌اند" بی‌اساس دانستند و حقوقشان در سراسر آن جزیره ۲۰ درصد افزایش یافت.

در سال ۱۹۳۶ واشنگتن علیه رهبر حزب ملی‌گرای پورتوریکو، آلبیزو کامپوس، Albizo Campos و شصت تن دیگر، پاپوش‌دوزی و آن‌ها را به "توطئه" برای سرنگونی حکومت محکوم کرد. طی دوران جنگ جهانی دوم، مبارزین زندانی پیشنهاد ایالات متحده را رد کردند، که به شرطی آن‌ها را آزاد می‌کرد که دست از فعالیت‌های استقلال‌طلبانه بردارند و از خدمت نظام وظیفه حمایت کنند.

وسط: آلبیزو کامپوس در حال سخنرانی برای کارگران صنعت قند و شکر، در نبرد قبلی‌شان در سال ۱۹۳۴.

پایین: تظاهرات علیه خدمت نظام وظیفه در کِبِک در نوامبر ۱۹۴۴ بعد از آنکه به ۱۶,۰۰۰ سرباز وظیفه در سراسر کانادا دستور داده شد تا خود را برای اعزام به ماورای بحار معرفی کنند.

″این دوران، که به دوران مکارتیسم معروف شده است، اغلب به گونه‌ای معرفی و عرضه می‌شود که گویا گسستِ حادی از سال‌های دولت روزولت بود. حال آنکه در واقع، دوران مکارتی بسط تداوم تهاجم پیشین علیه آزادی‌های مندرج در قانون اساسی بود که دولت روزولت آغازگرش بود.″

در سال ۱۹۴۹ یازده رهبر حزب کمونیست به جرم نقض قانون اسمیت محکوم و زندانی شدند؛ همان قانون اندیشه‌ـکنترل کننده‌ای که هشت سال قبل از آن علیه رهبران حزب کارگران سوسیالیست و رهبران تیمسترها بکار گرفته شده بود. حزب کمونیست در محاکمه‌ی مینیاپولیس از دادستان دولت پشتیبانی کرد.

عکس بالا: تظاهرات اکتبر ۱۹۴۹ در فیلادلفیا، دو هفته پیش از آنکه محاکمه‌ی رهبران حزب کمونیست در نیویورک آغاز شود. **عکس الحاقی:** تیتر اصلی هفته‌نامه‌ی *میلیتانت* حکم گناهکار شناخته شدن رهبران حزب کمونیست را اعلام می‌کند. این هفته‌نامه‌ی سوسیالیستی از ژوئن ۱۹۴۹ علیه محکومیت ایشان کمپین کرده و خواستار دفاع متحد از قربانیان پاپوش‌دوزی شده‌ی بود.

عکس از کتابخانه‌ی کنگره

عکس از *میلیتانت*

جولیس و اتِل روزنبرگ، Julius and Ethel Rosenberg در سال ۱۹۵۰ دستگیر، محاکمه و در سال ۱۹۵۱ به جرم "توطئه" برای جاسوسی زندانی و در ژوئن ۱۹۵۳ اعدام شدند. رهبری حزب کمونیست هیچ‌گونه کمپین دفاعی برای روزنبرگ‌ها متشکل نکرد؛ ظاهراً برای آنکه حزب را از این اتهام، که برخی از اعضای صف‌اش برای اتحاد شوروی جاسوسی کرده بودند، مصون بدارد.

بالا: تظاهرات در نیویورک، رهسپار برای شرکت در تظاهرات واشنگتن دی سی، ۱۸ ژوئن ۱۹۵۳. روزنبرگ‌ها روز بعد اعدام شدند. **عکس الحاقی:** اتِل و جولیس روزنبرگ، مارس ۱۹۵۱.

جیمز کوچر، کهنه‌سرباز جنگ جهانی دوم که پاهایش را در جنگ از دست داده بود. او عضو حزب کارگران سوسیالیست بود و در سال ۱۹۴۸ در تصفیه "غیرمتعهدین" اخراج شده بود؛ بعد از یک مبارزه‌ی هشت ساله موفق شد به سر کارش برگردد. صدها اتحادیه و سازمان‌های دیگر در سراسر ایالات متحده از او پشتیبانی کردند.

عکس پایین: کوچر در کنگره‌ی سازمان‌های صنعتی در اوهایو، نوامبر ۱۹۴۹، برای درخواست حمایت.

در اواسط دهه‌ی ۱۹۵۰، اف‌بی‌آی عملیات "کوینتل‌پرو" (ضدجاسوسی) را علیه حزب کمونیست، گروه‌های مدافع حقوق سیاهان و حزب کارگران سوسیالیست آغاز کرد تا به قول جی ادگار هوور "در آن‌ها نفوذ کند، رخنه کند، اغتشاش ایجاد کند و از هم بپاشاند."

Page 10 THE WORKER, SUNDAY, JULY 12, 1964

N.Y. Communists Denounce Albertson as Informer

(Reprinted from The Worker of July 7)

The Communist Party of New York State, after a thorough investigation and on the basis of irrefutable evidence, has disclosed that William (Bill) Albertson has operated as a police agent within the ranks of the party. Assiduously covering up his nefarious activity, Albertson succeeded in attaining a position of trust and responsibility. With callous and malicious intent he violated the confidence entrusted in him to perform the role of stoolpigeon and informer against those whom he called his comrades, his friends, men and women who are devoted fighters for peace, freedom and equality.

Because the facts accumulated remove every shadow of doubt that Albertson lived a life of duplicity and treachery—posing as a dedicated defender of the

ALBERTSON

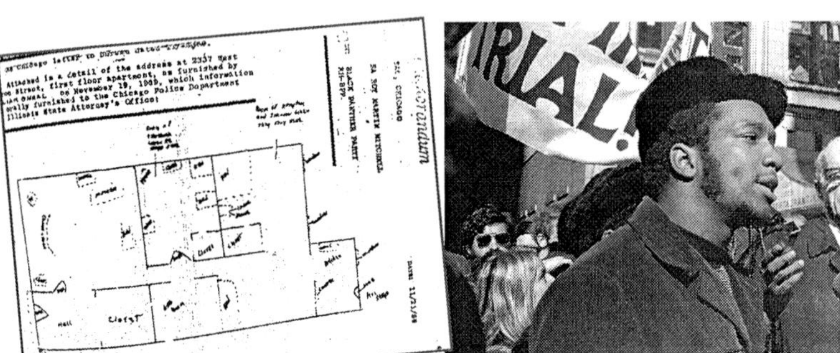

بالا: نسخه‌ای از نشریه‌ی ورکر، *The Worker* روزنامه‌ی حزب کمونیست، ژوئیه ۱۹۶۴. اف‌بی‌آی با جعل اسناد، ویلیام آلبرتسون، William Albertson صدر بخش حزب کمونیست در نیورک را به عنوان یک خبرچین شناساند. رهبری حزب کمونیست در تله افتاد و علناً او را اخراج کرد. متعاقباً، اسناد اف‌بی‌آی منتشر می‌شد که در این باره لاف "دستکاری در پوشه‌ها" را می‌زد.

رهبران سازمان بلَک پنتر، Black Panther فرد همپتون Fred Hampton و مارک کلارک Mark Clark در سال ۱۹۶۹ طی یورش شبانه‌ی پلیس در آپارتمانی در شیکاگو کشته شدند. [سازمان بلک پنتر مدافع حقوق سیاهان بود.م.] **پایین، سمت راست:** همپتون در حال سخنرانی در یک همایش در شیکاگو، اکتبر ۱۹۶۹. محافظ همپتون، که خبرچین اف‌بی‌آی بود، نقشه‌ی آپارتمان همپتون را در اختیار پلیس گذاشت (پایین، سمت چپ).

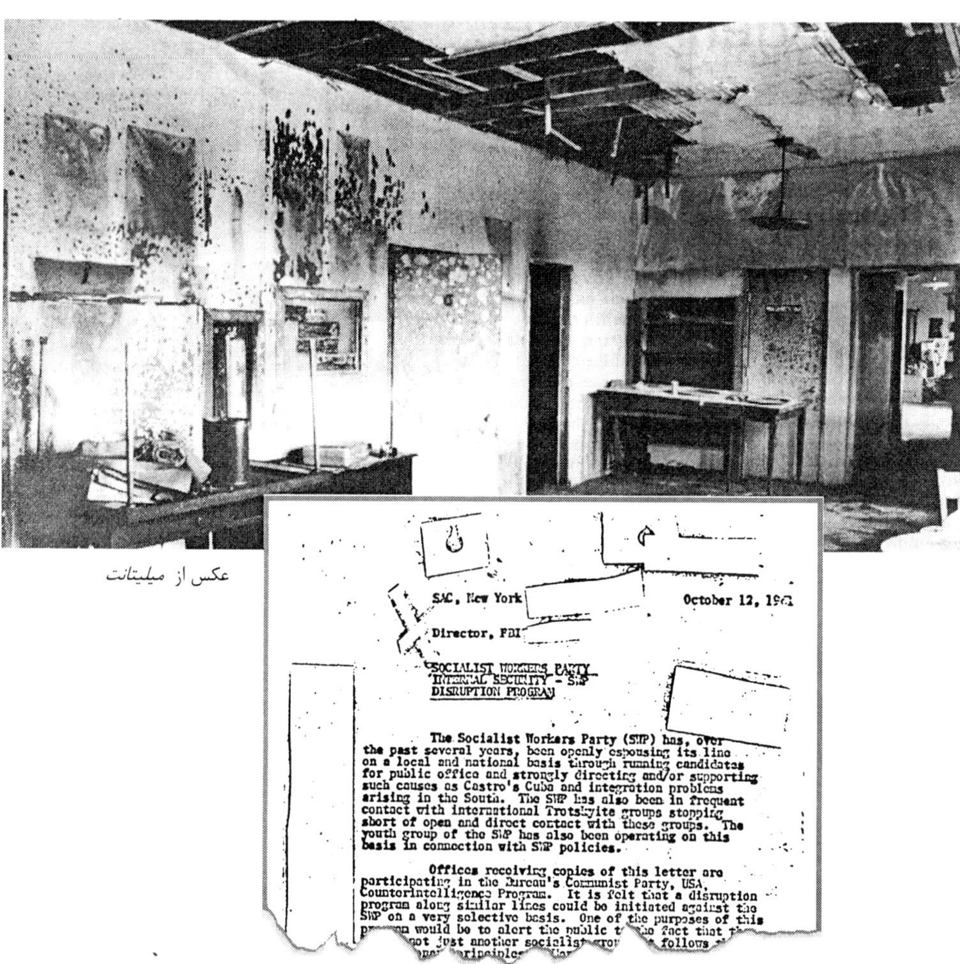

عکس از *میلیتانت*

اف‌بی‌آی طرح "اخلال در حزب کارگران سوسیالیست" را کلید زد. یکی از دلایل‌شان، حمایت این حزب از انقلاب کوبا بود.

بالا: لس‌آنجلس، مه ۱۹۷۰. ستاد حزب کارگران سوسیالیست، پس از آنکه جوخه‌ی شبه‌نظامی ضدانقلابیون کوبایی با بمب آتش‌زا آن را ویران کرد. جوخه‌ی ضد انقلابیون کوبایی، از گروه‌هایی است که دارای سوابق طولانی در همکاری با اف‌بی‌آی و سازمان سیا هستند. آن حمله که در وسط روز انجام گرفت، در حالی که چهار نفر در داخل ستاد بودند، ششمین حمله به حزب کارگران سوسیالیست در لس‌آنجلس طی دو سال بود. **پایین:** اکتبر ۱۹۶۱، سند اف‌بی‌آی راجع به طرح "اخلال در حزب کارگران سوسیالیست".

''شکایت حزب کارگران سوسیالیست، یک ابتکار عمل سیاسی بی‌سابقه بود. کارگران کمونیست ـ همراه با همقطارانشان در اتحادیه‌های کارگری، کشاورزان و سایرین ـ مدعی بودند و سازمان‌های حکومتی و صاحب‌منصبانشان متهم. نه برعکس.'' ـ *نقل از مقدمه‌ی کتاب*

محاکمه بر مبنای کیفرخواست، در آوریل ۱۹۸۱ در دادگاه شروع شد. **بالا:** دادستان دولت، ادگار جی ویلیامز Edgar G. Williams (صف عقب، سمت راست)، توماس گریسا (نشسته روی نیمکت)، رهبر حزب کارگران سوسیالیست فارل دابز (در حال ادای شهادت)، وکیل حزب کارگران سوسیالیست، مارگارت وینتر (سمت راست).

دابز گفت که ''انقلاب تجمیع فرآیند آموزش و سازماندهی طبقه‌ی کارگر است. برای آنکه به نیابت از خودش اقدام کند، این تنها راهی است که یک دگردیسی می‌تواند تحقق یابد.''

نقاشی‌ها از دایان جیکوبز/ میلیتانت Diane Jacobs

بالا: جک بارنز، دبیر سراسری حزب کارگران سوسیالیست توضیح داد که این حزب برای استقرار حکومت کارگران و کشاورزان مبارزه می‌کند، "استقرار دموکراسی شورایی سوسیالیستی. حکومتی که اداره‌اش در دست زحمتکشان کشور است و مشارکت اکثریت مردم را در اقتصاد و سیاست کشور بسط می‌دهند." او گفت که انقلاب کوبا "عظیم‌ترین سعی و کوشش را، بعد از دوران انقلاب روسیه به رهبری بلشویک‌ها در سال ۱۹۱۷، در این راستا انجام داده است."

پایین سمت چپ: رابرت کوچ، دستیار معاون دادستان کل در دولت کارتر به دادگاه گفت که عملیات اف‌بی‌آی علیه حزب کارگران سوسیالیست با حکم فرانکلین روزولت انجام گرفته که به عنوان رییس‌جمهور دارای "قدرت ذاتی برای حفاظت از نوع حکومت ما بود."

پایین سمت راست: هربرت براُنل، Herbert Brownell دادستان کل دولت آیزنهاور، استدلال کرد که "حکم ریاست جمهوری" در سال ۱۹۵۶، برای آنکه اف‌بی‌آی عملیات مخفی "کوینتل‌پرو" را پیش ببرد، پوشش قانونی کافی را ایجاد کرده بود.

"حقوقی که حزب کارگران سوسیالیست در کسب‌شان پیروز شد، باعث شد که فضای دخالت سیاسی زحمتکشانی که درصدد دفاع از خود و پیشبرد منافع‌شان هستند، وسیعتر شود."

DAILY NEWS
220 E. 42d St. New York, N.Y. 10017
JAMES HOGE, Publisher and President
MICHAEL PAKENHAM, Editorial Page Editor
F. GILMAN SPENCER, Editor
JAMES P. WILLSE, Managing Editor

. . . as a freedom is affirmed

One of the fundamental principles of the Constitution is that people are free to say things and to advocate political opinions the majority of Americans disagree with. Federal Judge Thomas Griesa has rightly reaffirmed that in a case brought by the Socialist Workers Party.

For 36 years, the FBI tried to disrupt the party. It planted 1,300 informers in the party (in the 1960s, 10% of party members were on the FBI payroll). The bureau burgled SWP premises 193 times and carried out 46 disruptive operations to cause the party "internal mistrust and strife."

That went on from 1941 to 1976, under every President from FDR to Ford—and mainly under FBI Director J. Edgar Hoover. The FBI never uncovered a single instance of "planned or actual espionage, violence, terrorism or efforts to subvert the governmental structure of the U.S."

The SWP sued the FBI for $40 million. It won its case

The New York Times

[EDITORIAL, FRIDAY, OCTOBER 10, 1975]

Enough Is Enough

The official position of the Federal Bureau of Investigation and the Department of Justice on the bureau's counterintelligence program (Cointelpro) is that it was foolish, misguided and sometimes illegal and that it was ended in April, 1971. Yet, according to F.B.I. documents recently obtained by the Socialist Workers' party in a lawsuit against the bureau, some Cointelpro techniques were being employed at least as late as December, 1973.

The documents show that after April, 1971, the bureau continued to contact members of the Socialist Workers' party and its youth affiliate to inform them of the bureau's knowledge of their political activities and then to seek more information about those activities. The bureau also continued to contact members of the organization by telephone to gain personal information about them under the pretext of doing a jury duty survey ... ch methods were used on at least 34 occasions ... ter the program was supposedly ended.

The Socialist Workers' party is a legal American political organization. Although it has been the subject of ... retap surveillance for thirty years, no indictments and ... convictions have been obtained by the Government. ... e only conceivable purpose of the continuation of the ... ointelpro techniques is harassment and disruption of ... gitimate political activity.

Attorney General Levi has recently expressed his high ... gard for the F.B.I. and has characterized some recent ... ticism of the organization as unfounded. The criticism ... ight fade more quickly if it were clear to the bureau ... at disruption of legitimate political activity is not part ... its mandate and if it could be demonstrated to the ... merican people that when the Government says it has ... conduct, it actually

A Teacher Learns How the FBI Tried to Get Her Fired

The Washington Star — CAPITAL SPECIAL

HOUSTON CHRONICLE FINAL

FBI Tried to Ban UH Socialist Unit

Agency Reports Tell of 1970 Harassment

The Guild Reporter

Documents reveal how FBI misused the press

FBI Fanned Disc

HARPER'S WE — JOURNAL OF CIVILIZATION

FBI Stoops to New Low

When they're really out to get you, the FBI will write anonymous letters to your parents or your boss. A tasty case study in deviousness. Page 3.

Exposure of FBI plots against socialists and many others provoked big headlines in nation's press

MUHAMMAD SPEAKS — AUGUST 1, 1975

Young Socialists say

FBI sought help of Atlanta paper to foil war demonstration

By Harold 4X

Charlotte Observer

بالا: تیتر رسانه‌ها در سراسر آمریکا، از *نیویورک تایمز* گرفته تا *محمد اسپیکز*، *Muhammad Speaks* علنی شدن عملیات اف‌بی‌آی بر اثر کیفرخواست حزب کارگران سوسیالیست را برجسته کردند. سرمقاله‌ی روزنامه‌ی *نیویورک دیلی نیوز* *New York Daily News* در اوت ۱۹۸۶ به رأی دادگاه فدرال خوش آمد گفت. سرمقاله‌ی *نیویورک تایمز* در مراحل اولیه کیفرخواست، در اکتبر ۱۹۷۵، خواستار توقف خبرچینی اف‌بی‌آی علیه حزب کارگران سوسیالیست و دیگران می‌شود.

عکس از لو هوورت / میلیتانت Lou Howort/Militant — عکس از تونی ساوینو/ میلیتانت Tony

طی مسیر مبارزه، هزاران تن از اتحادیه‌گرایان، دانشجویان، هنرمندان، فعالین آزادی‌های مدنی و سایرین، از سراسر ایالات متحده از صندوق دفاع از حقوق سیاسی، بسیج کننده حمایت برای کیفرخواست حزب کارگران سوسیالیست، حمایت کردند.

بالا: مورتون سوبِل Morton Sobell (وسط)، قربانی "شکار جادوگران" که همراه با روزنبرگ‌ها محکوم شده بود، اما، حکم‌اش سبک‌تر بود، در ژوئن ۱۹۸۱ در همایش نیویورک سخنرانی کرد که با حضور ۷۰۰ تن از حامیان کیفرخواست حزب کارگران سوسیالیست تشکیل شده بود. در سمت چپ او وکیل حزب کارگران سوسیالیست، مارگارت وینتر ایستاده و در سمت راست‌اش آنت روبنستاین Annette Rubinstein، نقد نویس. سایر سخنگویان شامل بودند بر دیک گرگوری Dick Gregory، کمدین و مبارز حقوق مدنی و ارنستو جوفرِ Ernesto Joffre، رییس اتحادیه‌ی کارگران صنعت پوشاک و دوزندگان، شعبه ۱۶۹.

پایین: کنفرانس مطبوعاتی در مارس ۱۹۸۸ در نیویورک برای اعلام پیروزی علیه دولت فدرال، پس از آنکه دولت اعلام داشت علیه حکم دادگاه، که مانع از خبرچینی اف‌بی‌آی علیه حزب کارگران سوسیالیست می‌شد، درخواست دادگاه استیناف نخواهد کرد. از سمت چپ: دبیر سراسری حزب کارگران سوسیالیست، جک بارنز؛ لئونارد بودین، وکیل حزب کارگران سوسیالیست؛ و جان استودر، مدیر "صندوق دفاع از حقوق سیاسی".

عکس از اریک سیمپسون
میلیتانت

عکس از کارلا ریهله/میلیتانت Carla Riehle/Militant

بالا: سخنرانان همایش در دفاع از کرتیس در دس‌موینس،Des Moines سپتامبر ۱۹۸۸، درست قبل از آنکه محاکمه شروع شود. جک بارنز، دبیر سراسری حزب کارگران سوسیالیست در حال سخنرانی؛ (از سمت چپ) مارک کرتیس؛ الن ویت، سازمانده کمیته دفاع؛ Ellen Whitt نان بیلی؛ Nan Bailey هیزل زیمرمن، Hazel Zimmerman مسئول امور مالی کمیته.

در اوت ۱۹۸۸ پیروزی دیگری در یک کمپین دفاعی حاصل شد. دولت ایالات متحده به تلاش ده ساله برای اخراج هکتور ماراکین خاتمه داد. او متولد مکزیک و عضو حزب کارگران سوسیالیست و یکی از شهود حزب در کیفرخواست بود. اقامت دایم به او داده شد.

پایین: ماراکین در حال سخنرانی در کنگره‌ی ژوئیه ۱۹۸۳ انجمن سراسری آموزش National Education Association، بزرگ‌ترین اتحادیه‌ی معلمان در ایالات متحده که حمایت‌اش از مبارزه علیه اخراج ماراکین را باز- تأیید کرد.

"حاکمان سرمایه‌دار مانع از این نخواهند شد که مارک کرتیس همان شخصی که امروز هست باقی بماند، برای همان چیزهایی که مبارزه می‌کند مبارزه کند، به همان اعتقادات راسخ عمیق‌اش باور داشته باشد، همان اعتقادات را علناً برای تمام دنیا بگوید."

- جک بارنز، سپتامبر

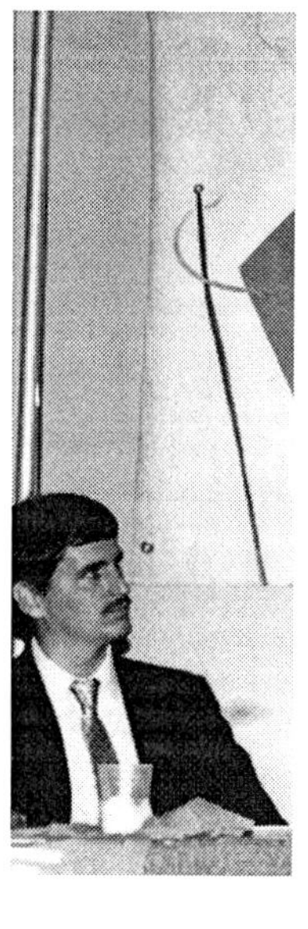

عکس از فیل نوریس Phil Norris/میلیتانت

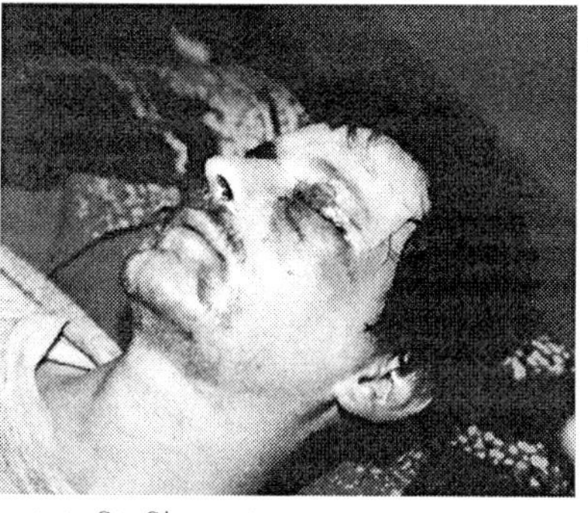

عکس از استو سینگر Stu Singer/میلیتانت

مارک کرتیس، کارگر صنعت بسته‌بندی گوشت، مبارز اتحادیه‌گرا، و عضو حزب کارگران سوسیالیست، در مارس ۱۹۸۸ توسط پلیس دس‌موینز دستگیر شد و مورد ضرب و شتم قرار گرفت. او بر مبنای اتهام پاپوش‌دوزانه‌ی اقدام برای تجاوز جنسی و سرقت محاکمه و به ۲۵ سال زندان محکوم شد. مبارزه‌ای که هشت سال به طول انجامید، به آزادی مشروط او منجر شد. دستگیری و ضرب و شتم کرتیس، درست چند روز بعد از پیروزی کیفرخواست حزب کارگران سوسیالیست علیه اف‌بی‌آی صورت پذیرفت.

بالا سمت چپ: مارک کرتیس بعد از ضرب و شتم توسط پلیس. **بالا سمت راست:** قبل از پاپوش‌دوزی علیه‌اش در مه ۱۹۸۷، همایش کارگران اعتصابی صنعت گوشت، سایو فالز Siuox Falls، ایالت داکوتای جنوبی. **پایین:** مارک کرتیس در حالی که اسناد خبرچینی اف‌بی‌آی علیه خودش را نشان می‌دهد: جاسوسی علیه فعالیت‌اش در مخالفت با دخالت نظامی ایالات متحده در آمریکای مرکزی.

"پنج انقلابی کوبایی ـ دستگیر شده در سال ۱۹۹۸ در پی یورش اف‌بی‌آی ـ عملکرد این پنج تن در پشت میله‌های زندان، توأم با حفظ غرور و عزت بود، در حالی که از اصول انقلابی‌شان دفاع کردند و اتهامات ساختگی را، که صاحب‌منصبان فدرال علیه‌شان علم کرده بودند، رد کردند."

ـ نقل از مقدمه

بالا، از سمت چپ: هراردو هرناندز، رامون لابانینو، آنتونیو گوئررو. پایین: فرناندو گنزالز و رنه گنزالز.

پنج کوبایی، آن‌گونه که میلیون‌ها نفر در سراسر جهان آن‌ها را می‌شناسند، توسط واشنگتن دستگیر و بر مبنای اتهامات پاپوش‌دوزانه‌ی جاسوسی و سایر اتهامات "توطئه‌آمیز" محکوم شدند.

آن‌ها داشتند درباره‌ی نقشه‌های جنایت‌بار دسته‌های شبه‌نظامی کوبایی—آمریکایی در فلوریدا اطلاعات جمع‌آوری می‌کردند، تا مانع از حملات کشنده علیه کوبا و حامیان انقلاب شوند. این پنج تن، با افتخار می‌گویند که این کار را تکرار خواهند کرد.

هراردو، رامون و آنتونیو هنوز پشت درهای زندان محبوسند. [این سه تن نیز در دسامبر ۲۰۱۴ آزاد شدند و به کوبا برگشتند.م.]

سرمایه‌داری در کشورهای امپریالیستی است. حزب کمونیست در درون سازمان سی‌آی‌اُ کوشید تا مانع از تحقق خواسته‌ی حرکت به سوی تشکیل یک حزب کار بر پایه‌ی اتحادیه‌ها شود؛ خواسته‌ای که می‌توانست هر دو حزب[1] را *به چالش* بکشد. مبارزه‌ی انتخاباتی حزب کمونیست در سال ۱۹۳۶ حول این محور بود که رقیب روزولت، از حزب جمهوری‌خواه، "به هر قیمتی که لازم باشد" باید شکست داده شود.

اما، هنگامی که استالین در اوت ۱۹۳۹ پیمان عدم تجاوز را با هیتلر امضا کرد، اعضای حزب کمونیست بلافاصله به مخالفان روزولت و سیاست‌های نظامی‌اش تبدیل شدند. سپس، بعد از آنکه هیتلر آن پیمان عدم تجاوز را پاره پاره کرد و در ژوئن ۱۹۴۱ به خاک اتحاد شوروی حمله کرد، اعضای حزب کمونیست بلافاصله یک بار دیگر حامیان سرسخت روزولت و مبلغین جنگ ایالات متحده علیه آلمان و ژاپن شدند. لازم نبود که مسکو به آن‌ها "دستور دهد" که خط‌شان را یک‌شبه عوض کنند. *آن‌ها اعتقاد داشتند* که این کار صحیح است، چون در خدمت نیازهای اتحاد شوروی بود، البته منظور نیازهایی بود که استالین تعیین می‌کرد و آن‌گونه که اعضای حزب کمونیست آن را درک می‌کردند.

قابل توجه‌تر از همه‌ی این‌ها، موضع حزب کمونیست نسبت به انقلاب مستعمرات بود. با توجه به اینکه ایالات متحده، بریتانیا و اتحاد شوروی، متحد نظامی شده بودند، لذا از دیدگاه حزب کمونیست هر گونه مبارزه‌ای که در کشورهای مستعمره یا نیمه‌مستعمره برای کسب استقلال از سلطه‌ی قدرت‌های امپریالیستِ متفق[2] صورت می‌گرفت مانع از مبارزه با فاشیسم می‌شد. به زحمتکشان آمریکای لاتین گفته می‌شد که با امپریالیسم ایالات متحده و سرسپردگان محلی‌اش متحد شوند.

---

۱ منظور دو حزب دموکرات و جمهوری‌خواه.م.

2 Allied

در کوبا، کشوری که رسماً جمهوری مستقل، اما در واقع نیمه‌مستعمره‌ی ایالات متحده بود، استالینیست‌ها خود را چنین معرفی می‌کردند: "پیگیرترین مدافعان وحدت کشورمان با ایالات متحده." رهبری حزب کمونیست کوبا مسأله را مستقیماً این‌گونه مطرح کرد : "چرا مبارزه علیه امپریالیسم اولویت ندارد؟" و چنین پاسخ گفت : "وظیفه‌ی اصلی تمام مردمان جهان، امروزه، شکست نازیسم است؛ هرگونه منافع دیگری باید تحت‌الشعاع این وظیفه قرار گیرد." بلاس روکا[1]، که در آن زمان رهبر مرکزی حزب کمونیست کوبا بود، تا جایی پیش رفت که از سامر وِلس[2]، سفیر ایالات متحده در کوبا، این‌گونه با تأیید نقل قول می‌کرد: "عصر امپریالیسم خاتمه یافته است."

استالینیست‌های کوبایی نیز به همین طریق در پی آن بودند که سازش طبقاتی با سرمایه‌داران و زمینداران کوبایی را تعمیق بخشند. (در راستای این خط، آن حزب واژه‌ی "کمونیست" را در سال ۱۹۴۴ از نامش حذف کرد و به حزب *سوسیالیست مردمی*[3] تغییر نام داد.) در سال ۱۹۴۵ بلاس روکا در سخنرانی‌اش برای صاحب‌منصبان اتحادیه‌ها با عنوان "همکاری کارگران با کارفرمایان" از کارگرانی انتقاد کرد که "شرایط جدید را درک نمی‌کنند و هنوز هم به مفاهیمی چسبیده‌اند که گرچه در گذشته صحیح بودند، اما امروزه دیگر با واقعیت منطبق نیستند."

روکا اضافه کرد که "در گذشته سوسیال دموکرات‌ها و رفرمیست‌ها خواستار سازش طبقاتی بودند، بدون اینکه هدف مشخصی داشته باشند. زیرا نمی‌خواستند اقرار کنند که هدفشان از این کار، حفظ سرمایه‌داری است." حال آنکه آنچه حزب سوسیالیست مردمی خواستارش است، وحدت ملی،

---

1 Blas Roca
2 Summer Welles
3 Popular Socialist Party

یکی از بالاترین اشکال سازش طبقاتی در حال حاضراست، با یک هدف مشخص است ـ شکست هیتلریسم، تضمین صلح و ترغیب رهایی ملی." حزب سوسیالیست مردمی علیه اعتصاب کمپین می‌کرد، خدمت نظام‌وظیفه‌ی عمومی را ترویج می‌کرد و خواستار اعزام سربازان کوبایی برای کمک به جنگ امپریالیستی بود.

با چرخش بین‌الملل کمونیست به سوی تشکیل *جبهه‌ی مردمی*، حزب کوبا موضع جدیدش را نسبت به سرهنگ فولجنسیو باتیستا، دیکتاتور طرفدار امپریالیسم، اعلام کرد. روکا در سومین اجلاس سراسری حزب در ژانویه ۱۹۳۹ گفت که "ما به این نتیجه رسیده‌ایم که باتیستا دارد مواضعی اتخاذ می‌کند که متمایل به سیاست‌های دموکراتیک، مردمی و مترقی است. بر پایه‌ی ارزیابی مواضع او، ما تصمیم گرفته‌ایم تا موضع مثبتی نسبت به او اتخاذ کنیم." طی جنگ، آن حزب حمایت‌اش از باتیستا را قوی‌ترکرد و وی به نوبه‌ی خود در سال ۱۹۴۳- ۱۹۴۴ دو نفر از رهبران حزب سوسیالیست مردمی را در کابینه‌اش به وزارت منصوب کرد.(۸)

احزاب کمونیست کلیه کشورهای آمریکای لاتین خط‌مشی مشابهی را پی‌گرفتند. توماس بورخه[1]، یکی از رهبران جبهه‌ی ملی ساندنیست و وزیر کشور نیکاراگوئه، موانعی را که این سیاست در راه رشد و توسعه‌ی جنبش کارگری در نیکاراگوئه و سایر کشورها ایجاد می‌کرد، در مصاحبه‌ای این‌گونه تشریح کرد:

> جنبش کارگری نیکاراگوئه در اول ماه مه ۱۹۴۴ در حین جنگ جهانی پا به عرصه‌ی وجود گذاشت، در زمانی که "براودِریسم"[2] عمیقاً در قاره‌ی آمریکا راه خود را گشوده بود. اِرل براوِدر، دبیرکل حزب کمونیست ایالات متحده، نظرش بر این بود که تضاد آشتی‌ناپذیر میان بورژوازی و طبقه‌ی کارگر از بین رفته است. این استنباط را حزبی

1 Tomás Borge
2 Browderism

> پروراند و توسعه داد که قبل از حزب سوسیالیست نیکاراگوئه در صحنه ظاهر شد، حزب پیشقراول خلق کاستاریکا.
>
> بدین ترتیب، نکته‌ای عمیقاً در اذهان نفوذ کرد؛ اینکه هر کشوری که علیه فاشیسم اعلام جنگ کرده بود باید از حداکثر حمایت برخوردار شود. جنبش کارگری نیکاراگوئه با این انحراف پا به عرصه‌ی وجود گذاشت، دیدگاهی که سایر جنبش‌های کارگری آمریکای لاتین نیز در آن مشترک بودند: اینکه دیکتاتورهای محلی باید مورد حمایت قرار گیرند.
>
> حزب سوسیالیست نیکاراگوئه در حالی در صحنه حاضر شد که از دیکتاتوری ساموزا [1] حمایت می‌کرد. بدین خاطر است که مارکسیسم در نیکاراگوئه هیچ تاریخی ندارد.
>
> تاریخ مارکسیسم در نیکاراگوئه در سال ۱۹۴۴ آغاز شد و تاریخ غمناکی بود. به عبارت دیگر، درست آن است که بگوییم این تاریخ حتی تاریخ مارکسیسم هم نیست. مارکسیسم، که یک تئوری انقلابی است، نمی‌تواند با غم کِدِر شود.
>
> در مورد نیکاراگوئه، بالاخص، آن‌هایی که آن روزها خود را مارکسیست می‌خواندند، در باتلاق سیاست سازش طبقاتی، حمایت از بورژوازی و امپریالیسم ایالات متحده، فرو رفته بودند؛ همان امپریالیسم به گونه‌ای که آن را می‌شناسیم و در آن زمان با فاشیسم در حال جنگ بود. من مایل نیستم برگردم به این مطلب که از نظر تاریخی چه کسی مسئول این مسایل بود؛ من نمی‌خواهم به کسانی که گناهکار بودند اشاره کنم. از نظر عینی، تاریخ این‌گونه بود، به رغم اینکه گناه چه باشد و گناهکار چه کسی باشد.(۹)

برای آنان که از سیاست‌های استالینیستی که در چارچوبش اعضای احزاب کمونیست آموزش می‌بینند، درک صحیحی نداشتند، تغییر ناگهانی مواضع این احزاب نامعقول به نظر می‌رسید. اما، برای آنان که در مکتب استالینیسم پرورش یافته بودند، هرگونه خط‌مشی دیگری دور از عقل

1 Anastasio Somoza

می‌نمود. اعضای متعهد حزب کمونیست، بدون اینکه مشکلی داشته باشند، از تغییر جهت و معکوس شدن خط حزب پیروی می‌کردند و خود را با تغییراتی همسو می‌ساختند که مسکو برحسب دگرگونی در روابط‌اش با قدرت‌های گوناگون امپریالیستی ضروری می‌دانست. آنچه برای اعضای حزب کمونیست اهمیت داشت، دفاع از اتحاد شوروی بود، البته به گونه‌ای که آنان درک می‌کردند

کسانی که با چنین مواضعی مخالفت می‌کردند و از آن بریده بودند، دلیلی برای ادامه‌ی عضویت در حزب کمونیست نداشتند و از آن خارج می‌شدند. این موضوع روشن می‌کند که چرا هزاران نفر یا شاید ده‌ها هزار نفر از اعضا و حامیان حزب کمونیست ایالات متحده که در دهه‌های ۱۹۳۰ و ۱۹۴۰ با تمام پستی و بلندی‌ها و چرخش‌های پیچ در پیچ سیاست‌های این حزب دوام آوردند و در دهه‌ی ۱۹۵۰ سخت‌ترین دوران ارتجاع مکارتیسم[1] را تحمل کردند و تاب آوردند، زمانی که سخنرانی خروشچف[2] در بیستمین کنگره‌ی حزب کمونیست شوروی در سال ۱۹۵۶ را شنیدند و از جنایات استالین علیه دولت کارگری شوروی و پیشقراولانش مطلع شدند، به طور قطع از این حزب بریدند. گویا کل بینش جهانی‌شان یک‌شبه فرو پاشیده بود.

این خط‌مشی استالینیستی به مرور زمان همه‌ی اصول کمونیستی را تباه کرد. از آن پس، راهنمای حزب کمونیست این نبود که طبقه‌ی کارگر و متحدینش در ایالات متحده و سراسر جهان چگونه می‌توانند به بهترین نحو ممکن در راستای خطوط تاریخی‌شان و خط سیرمبارزه علیه استثمار و ستم امپریالیستی گام بردارند. استالینیست‌ها بجای آنکه اتحاد شوروی را به یک دژ کمک‌رسانی به انقلاب جهانی تبدیل کنند، مبارزات کارگران و کشاورزان را تحت‌الشعاع نیازهای دیپلماتیک دولت شوروی قرار می‌دادند.

1 McCarthyite reaction
2 Nikita Khrushchev

اعضای حزب کمونیست این خط مشی را بر مبنای این اعتقادشان توجیه می‌کردند که خط‌مشی رژیم استالین، به رغم بهای سیاسیِ پرداخت شده، در خدمت منافع درازمدت انقلاب جهانی قرار دارد. اما، بسیاری دیگر از زحمتکشان را نمی‌شد به این آسانی متقاعد کرد. به همین دلیل، دلایل واقعی اخذ مواضع حزب کمونیست نسبت به یک اعتصاب، یا نسبت به مبارزه برای حقوق سیاهان یا مواضع این حزب در انتخابات ریاست جمهوری، با دلایل "خوبی" که برای کارگران و متحدین‌شان ارائه می‌شد، متناقض بودند.

همگام با این‌ها، ایده‌ای مطرح شد که در دوران تشکیل *جبهه‌ی مردمی* در ابعاد گسترده‌ای شیوع یافت. ایده این بود که لازم و مطلوب این است که حزب دارای اعضایی باشد که حتی کارگران همقطار و همکاران سیاسی‌شان هم ندانند که عضو حزب کمونیست هستند. بدین ترتیب راحت‌تر می‌شد به لیبرال‌ها کمک کرد، بدون اینکه باعث شرمساری آن‌ها شوند. موضوع دیگری که جا افتاده بود این بود که می‌توان تحت عنوان دفاع از اتحاد شوروی به طبقه‌ی کارگر دروغ گفت.

یکی از محصولات جانبی این خط‌سیر استالینیستی ایجاد فرقه‌گرایی شدید در جنبش کارگری بود. سنت همبستگی طبقه ـ کارگری در مقابل حملات حکومت، صرف نظر از وجود اختلافات سیاسی را، حزب کمونیست آگاهانه زیر پا گذاشت. آنان که با مواضع حزب کمونیست اختلاف نظر داشتند، ابتدا برچسب دشمن اتحاد شوروی می‌خوردند، سپس ابزار یا عوامل آگاه هیتلر به‌شمار می‌آمدند. به کمونیست‌هایی که در اتحاد شوروی گزینه‌ی دیگری در مقابل خط‌مشی استالین ارایه می‌دادند، از جمله لئون تروتسکی و سایر نیروهای آپوزیسیون در داخل حزب کمونیست اتحاد شوروی و بین‌الملل کمونیست، ابتدا تهمت زده می‌شد و بعد به دست دستگاه جنایت استالین کشته می‌شدند.

در راستای چنین خط‌مشی کلی‌یی بود که حزب کمونیست ایالات متحده از اقدام دولت حمایت کرد و مدافع زندانی شدنِ رهبران حزب

کارگران سوسیالیست بر مبنای قانون اسمیت شد. واقعاً امکان نداشت که حزب کمونیست هیچ خط‌مشی دیگری را انتخاب کند.

دوران کمونیست‌ستیزی مکارتی
(معروف به دوران "جادوگرکُشی"[1] مکارتیستی)

با شکست آلمان و ژاپن و خیزش مبارزات انقلابی نوین، که بر اثر جنگ جهانی به حرکت افتاده بود، واشنگتن به سرعت دست بکار شد تا به اتحاد دوران جنگی‌اش با مسکو خاتمه دهد. چندان زمانی نگذشته بود که جنگ سرد جای اتحاد را گرفت. دولت ایالات متحده و متحدین بریتانیایی و فرانسوی‌اش تلاش خود را شدت بخشیدند تا جلوی پیشروی طغیان‌های مستعمرات در آسیا و آفریقا را بگیرند و نگذارند رژیم‌های کارگران و کشاورزان در کشورهایی که ارتش سرخ بعد از سرکوبی رایش سوم اشغال کرده بود، استقرار یابد. با پیروزی انقلاب چین در سال ۱۹۴۹ و آغاز جنگ کره یک سال بعد از آن، رویارویی میان قدرت‌های امپریالیستی از یک طرف و انقلاب مستعمرات و دولت‌های کارگری از طرف دیگر بالا گرفت.

در ایالات متحده رونق اقتصادی (که طی جنگ جهانی دوم بر اثر صرف بودجه‌های کلان جنگ پدید آمد) چارچوب جدیدی را برای مبارزه میان نیروی کار و سرمایه ایجاد کرده بود. در اتحادیه‌ها، بوروکراسی موقعیت خود را مستحکم‌تر کرده بود. قدرت جنبش اتحادیه‌ای همچنان تحلیل می‌رفت. اما، تشخیص این فرآیند برای بسیاری از اعضای اتحادیه‌ها دشوار بود، چون به رغم روش‌های سازش‌ـطبقاتی و سیاست‌های صاحب‌منصبان اتحادیه‌ها، کارگران هنوز هم می‌توانستند دستاوردهایی در زمینه‌ی دستمزدشان داشته

---

۱ witch hunt "جادوگرکشی" در ادبیات سیاسی معاصر به معنی تفتیش، تعقیب و آزار دگراندیشان بکار می‌رود. ریشه‌ی عبارت برمی‌گردد به حرکت‌های خرافاتی قرون ۱۵ تا ۱۸ اروپا و سپس آمریکا. اغلب آن‌هایی که برچسب "جادوگر" می‌خوردند، چه "محاکمه" می‌شدند، یا نمی‌شدند، جان خود را در جوّی ملتهب از دست می‌دادند.م.

باشند. بوروکراسی کارگری و حامیانش توجه خود را صرف افزایش دستمزدها می‌کردند، که روند افزایش‌اش گرچه آهسته، اما مستدام بود؛ البته این برای آن بخش از نیروی کار که پیش از آن در قدرتمندترین اتحادیه‌ها متشکل شده بودند، صدق می‌کرد. در عین حال، آن‌ها با سیاست‌هایی همگام می‌شدند که باعث کاهش کنترل اتحادیه بر سرعت خط تولید و شرایط کار می‌شد. و برای جنبش اتحادیه‌ای بیش از پیش محدودیت ایجاد کرده و عملکرد اتحادیه‌ها را در چارچوب قوانین دست و پا گیر حکومت محدود می‌کرد.

یک بخش از این عقب‌نشینی ناشی از این بود که صاحب‌منصبان اتحادیه‌ها به‌هیچ‌وجه قدمی در جهت مبارزه و جلوگیری از گسترش "شکار جادوگران"، که قبل از جنگ جهانی دوم شروع شده بود، بر نمی‌داشتند. این دوران، که به دوران مکارتیسم معروف شده است، اغلب از نظر حقوق دموکراتیک به گونه‌ای معرفی و عرضه می‌شود که گویا گسستِ حادی از جهت‌گیری سیاسی دولت روزولت بود. اما، دوران مکارتیسم نه تنها در جهت معکوس سیاست‌های آن دولت نبود، بلکه بسط تهاجم علیه آزادی‌های مندرج در قانون اساسی بود که در اواخر دهه‌ی ۱۹۳۰ تحت لوای هشیاری علیه اقدامات خرابکارانه آغاز شده بود. بسیاری از آنان که هنگام حملات اف‌بی‌آی به سیاهان مسلمان یا جان ال لوئیس یا حزب کارگران سوسیالیست حاضر شده بودند سکوت کنند، یا حتی از دولت پشتیبانی نمایند، اکنون از اینکه خودشان را پلیسِ اندیشه-کنترل هدف قرار می‌داد وحشت برشان داشته بود و واقعاً غافلگیر شده بودند.

در درون جنبش طبقه-کارگری نیز جهت‌گیری استراتژیک سوسیال دموکرات‌ها و استالینیست‌ها مانع از آن می‌شد که مبارزه‌ی موثری برای حقوق دموکراتیک صورت پذیرد.

رهبران حزب سوسیالیست، چشم‌انداز مبارزه‌ی انقلابی کارگران و کشاورزان علیه سرمایه‌داری ایالات متحده به عنوان جزیی از یک مبارزه‌ی

جهانی را رد می‌کردند. بجای آن، آن‌ها سعی داشتند زحمتکشان را متقاعد کنند تا برای دفاع از "دموکراسی" و در تقابل با ایجاد حکومت‌های کارگران و کشاورزانِ جدید، با عناصر منورالفکر طبقه‌ی حاکم ایالات متحده دست در دست هم دهند. چون سوسیال دموکرات‌ها معتقد بودند که حکومت‌های کارگران و کشاورزان به توسعه‌ی پدیده‌ای می‌انجامد که آن را تحت عنوان "استبداد کمونیستی" محکوم می‌کردند. هنگامی که رهبران حزب سوسیالیست می‌گفتند "ما"، منظورشان زحمتکشان جهان نبود، بلکه اتحادی را در نظر داشتند که بخشی از طبقه‌ی سرمایه‌داران را نیز شامل می‌شد. منظورشان از "آن‌ها" که باید علیه‌شان می‌جنگیدند نیز سرمایه‌دارانِ استثمارگر نبودند، بلکه منظورشان مبارزات انقلابی دموکراتیک در چین، کره و سایر مبارزات جهان مستعمره و نیمه‌مستعمره و همه‌ی کمونیست‌ها در هر نقطه‌ای از جهان بود. با پیدایش جنگ سرد، خط‌مشی سوسیال دموکرات‌ها هر چه بیشتر با خط‌مشی امپریالیسم ایالات متحده منطبق شد و نام "سوسیالیست‌های وزارت امور خارجه" را برازنده‌ی آنان نمود.

گرچه برخی از اعضا و رهبران حزب سوسیالیست موضعی اصولی در دفاع از قربانیان دوره‌ی شکار جادوگران اتخاذ کردند، اما خط‌مشی سیاسی این حزب باعث تضعیف مبارزه علیه آن شد. سنّت جنبش مبارزِ طبقه ـ کارگری در این کشور این بود که به عنوان یک اصل از همه‌ی قربانیان خفقان حکومتی حمایت شود. اینکه دولت شواهدی در تأیید "گناهان" متهم دست و پا کند، ربطی به این موضع طبقاتی نداشت. در سال‌های مکارتیسم، سوسیال دموکرات‌ها خط‌سیری مخالف با این اصل را طی کردند: آن‌ها چنین استدلال می‌کردند که "شکار جادوگران" نباید "بی‌گناهان" را قربانی کند و فقط باید جاسوسان واقعی، کمونیست‌های واقعی و "خرابکاران" واقعی را هدف قرار دهد. آن‌هایی که قادر نبودند *بی‌گناهی خود را* به این قیم‌های دموکراسی ثابت کنند، مورد حمایت قرار نمی‌گرفتند.

مبارزه علیه شکار جادوگران با مانع دیگری مواجه بود که از خط‌مشی حزب

کمونیست ناشی می‌شد، حزبی که بار اصلی صدمات ناشی از آزار دولت بر دوش اعضا و حامیانش سنگینی می‌کرد. این حزب استالینیست به مراتب بزرگ‌ترین سازمانی بود که در ایالات متحده به نام مارکسیسم سخن می‌گفت. این حزب پیش از آنکه دوران مکارتیسم فرا برسد، تا حدودی کوچک‌تر شده بود و این ناشی از محافظه‌کاری سیاسی طبقه‌ی کارگر در اثر رونق بعد از جنگ بود. این حزب همچنین در اثر جناح‌گرایی افراطی و حمایت از *تعهد علیه اعتصاب* و پشتیبانی از اتحادیه‌ـتخریبیِ دولت طی جنگ، حسن تفاهم تعداد قابل توجهی از کارگران طبقه ـ آگاه را نیز از دست داده بود. با این حال، حزب کمونیست هنوز هم از پشتیبانیِ صدها هزار کارگرِ وفادارِ سیاسی برخوردار بود و می‌توانست برای همکاری در دفاع از حقوق مدنی از حمایت بسیاری دیگر به رغم اختلاف‌نظرشان برخوردار شود.

با این حال، حزب کمونیست قادر نبود بسیج لازم را برای مبارزه‌ی مؤثری علیه خفقان حکومتی انجام دهد. در دوران تشکیل *جبهه‌ی مردمی*، حزب کمونیست به سمت نیروهای لیبرال سرمایه‌داری و آنان که در اتحادیه‌ها و جنبش سیاهان به لیبرال‌ها امید بسته بودند، جهت‌گیری کرده و وفادارانه به آن‌ها خدمت کرده بود. با شروع جنگ سرد، این نیروهای سرمایه‌داری علیه حزب کمونیست صف‌بندی کردند و مباشرانشان در جنبش اتحادیه‌ای نیز همین کار را کردند. نتیجتاً، بسیاری از اعضای حزب کمونیست احساس می‌کردند که جایی ندارند تا برای مقابله با این تهاجم جدید ضدکمونیستیِ طبقه‌ی حاکم به آن رو آورند. زیرا، مدت‌های مدیدی بود که آن‌ها چشم‌شان را از اعضای پایه‌ی جنبش کارگری و متحدین کارگری برگرفته و نگاهشان را به سمت نیروهایی دوخته بودند که اینک جلودار حمله به حقوق دموکراتیک شده بودند.

در سال ۱۹۴۸ دوازده تن از اعضای کمیته‌ی مرکزی حزب کمونیست بر مبنای قانون خفقانی اسمیت محکوم شدند. اتهام وارده علیه آن‌ها توطئه برای "آموزش و ترویج سرنگونی و نابودی دولت ایالات متحده با توسل به

زور و خشونت" بود. یعنی درست همان اتهاماتی که هفت سال پیش از آن علیه متهمین مینیاپولیس وارد آمده بود. کیفرخواست تأکید داشت که این توطئه‌ی مورد ادعایش به سه طریق پیش برده شده بود : (۱) از طریق تشکیل حزب کمونیست؛ (۲) با ایجاد امکانات لازم برای "نشر و توزیع و ایجاد امکانات برای توزیع کتب، مقالات، نشریات و روزنامه‌هایی که مُروج اصول مارکسیسم ـ لنینیسم بودند"؛ و (۳) از طریق تشکیل "مدارس و کلاس برای آموزش اصول مارکسیسم ـ لنینیسم....

محاکمه در دادگاه فدرال واقع در میدان فولی در شهر نیویورک برگزار شد و نُه ماه طول کشید. در خاتمه حکمی صادر شد که طبق آن یازده تن از رهبران حزب کمونیست گناهکار اعلام شدند. پرونده‌ی نفر دوازدهم، ویلیام زی فاستر[1] به دلیل وخیم بودن سلامتی‌اش مختومه اعلام شد. ده تن از مدافعین به حداکثر مجازات، پنج سال، محکوم شدند؛ یک نفر هم به سه سال زندان محکوم شد. علاوه بر این، کلیه‌ی وکلای مدافع به جرم "سرپیچی از دستورات دادگاه" در حین محاکمه، به زندان محکوم شدند.

سپس در دوران استینافِ احکامِ صادره بر مبنای قانون اسمیت، شرایط حقوقی و سیاسی وخیم‌تر شد. در سال ۱۹۵۰ کنگره *قانون مک‌کاران*[2] را تصویب کرد که لازم می‌آورد حزب کمونیست و اعضایش نام خود را نزد دولت به ثبت برسانند. همچنین طبق این قانون جدید، که از حمایت هر دو حزب[3] برخوردار بود، قرار بود اردوگاه‌های اجباری دایر شود که مخالفین دولت را بتوانند در شرایط "اضطرار ملی" بدون محاکمه زندانی کنند.

در مارس ۱۹۵۱ اِتِل و جولیِس رُزنبرگ و مورتون سُبِل[4] محاکمه و بر مبنای اتهامات پاپوش‌دوزانه محکوم شدند، آن‌هم بر مبنای مدرک

---

1 William Z. Foster
2 McCaran Act
۳ دموکرات و جمهوری‌خواه
4 Morton Sobell

سرهم‌بندی شده‌ای مبتنی بر اینکه متهمین "رمز" بمب اتم را دزدیده و به اتحاد شوروی تحویل داده‌اند. در ۵ آوریل رُزنبرگ‌ها به مرگ با صندلی الکتریکی و سُبِل هم به سی سال زندان محکوم شدند. چند ماه بعد، دیوان عالی ایالات متحده اعلام کرد که قانون اسمیت با قانون اساسی ایالات متحده منطبق است و استیناف یازده عضو حزب کمونیست رد شد.

تشدید اقدامات شکار جادوگران از اواخر دهه‌ی ۱۹۴۰ جدلی در رهبری حزب کمونیست براه انداخته بود؛ موضوع بحث این بود که قدم بعدی باید چه باشد. اختلاف‌نظر حادی در رهبری این حزب پدیدار شد، بر سر اینکه متهمین قانون اسمیت باید در دوران انتظار استیناف چه کنند. اگر دیوان عالی علیه‌شان رأی صادر کرد آیا خود را تسلیم کنند؟ به تبعید تن در دهند و مهاجرت کنند، یا مخفی شوند؟ مدافعینِ خط‌مشی تبعید و اختفا استدلال می‌کردند که فاشیسم دارد سراسر کشور را فرا می‌گیرد و اینکه غیرقانونی کردن حزب کمونیست دیگر غیرقابل اجتناب شده است.

در نهایت، رهبری حزب کمونیست از اینکه این یا آن راه را انتخاب کند عاجز مانده بود. حاصل کار این شد که آن عده از متهمین که طرفدار مخفی شدن بودند همین کار را کردند و دیگران خود را تسلیم نمودند. اینکه آیا چنین اقدامی ناشی از توافق میان طرفین بحث بود، یا از شکست در حل و فصل مسأله نشأت می‌گرفت، برای کسانی که درگیر مسأله نبودند روشن نشد. در هر صورت، هنگامی که زمان تسلیم نمودن خود به کلانترهای فدرال فرا رسید، چهار تن از یازده متهم غایب بودند. نفر پنجم، یوجین دنیس[1]، دبیرکل حزب، تصمیم گرفته بود خود را مخفی کند. اما، از آنجایی که قرار و مدارها با هم قاطی شده بود، خود را تسلیم کرد. از میان چهار نفری که خود را تسلیم نکردند، گاس هال[2] چند هفته بعد در مکزیک دستگیر شد. رابرت

1 Eugene Dennis
2 Gus Hall

تامپسون یک سال بعد در کلبه‌ای در سی‌یرا[1] بازداشت شد. دو تن دیگر، جیل گرین و هنری وینستون[2] پنج سال مخفیانه زندگی کردند، اما در نهایت خود را تسلیم کردند تا دوران محکومیت خود را طی کنند.

خط‌مشی‌یی که رهبری حزب کمونیست دنبال کرد، بسیار گران تمام شد. دنبال کردن چنین سیاست چندگانه‌ای اصلاً از نظر سیاسی قابل توجیه نبود. بسیاری از اعضا چنین نتیجه گرفتند که ماحصل کار، انعکاسی از فلج شدن و حتی سراسیمگی در رهبری حزب بود. بسیاری از فعالین حزب کمونیست از این تصمیم چنین نتیجه گرفتند که لازم است از فعالیت علنی دست بردارند. بخش مهمی از رهبری میانی، با اینکه مورد کیفرخواست واقع نشده بودند، از آن به بعد در اذهان عمومی ظاهر نشدند. بسیاری از اعضا نیز رابطه‌ی خود را با حزب قطع کردند. برخی که هنوز خود را کمونیست تلقی می‌کردند، افراط را تا آنجا پیش بردند که کتاب‌های مارکسیستی خود را سوزاندند، یا جعبه جعبه بسته بندی و در حیات خلوت یا زیرزمین خانه‌شان چال کردند.

یکی از شواهد عقب نشینی سراسیمه‌ی رهبری حزب کمونیست، نوع واکنش آن‌ها نسبت به دستگیری و محاکمه‌ی رُزنبرگ‌ها و سُبِل بود که به عضویت در حزب کمونیست متهم شده بودند. و اینکه برای اتحاد شوروی جاسوسی کرده‌اند. اف‌بی‌آی و وزارت دادگستری برای آن‌ها پاپوش‌دوزی کرده بودند. یکی از مسایل این محاکمه این بود که قاضی مخفیانه و به طور غیرقانونی با وکلای دولت همکاری می‌کرد. دست‌اندرکاران این پاپوش دوزی در وزارت دادگستری برای آنکه افتراهای وارده را بچسبانند، به تعصبات عمیق، از جمله به گرایشات ضدیهود، متوسل شدند.(۱۰)

گرچه رفقای حزبی رُزنبرگ‌ها به عضویت آن دو در حزب کمونیست واقف

1 Robert Thompson, Sierras
2 Gil Green, Henry Winston

بودند، با این حال رهبری حزب تصمیم گرفت که این واقعیت را در مقابل اذهان عمومی نفی کند. عضویت آن‌ها در حزب کمونیست هنگامی مسجل شد که دو فرزندِ رُزنبرگ‌ها در اوسط دهه‌ی ۱۹۷۰ کتابی را منتشر و با افتخار ارتباط والدین شان با حزب کمونیست را تأیید کردند.(۱۱) بعد از این بود که اعضای حزب کمونیست علناً عضویت این دو قربانی ارتجاع مکارتیستی را تصدیق کردند.

جولیوس و اِتِل رُزنبرگ در تابستان ۱۹۵۰ دستگیر و در مارس ۱۹۵۱ محکوم شدند. در تمامی این مدت، هیچ کمیته‌ای برای دفاع از آن‌ها سازماندهی نشد تا پاپوش‌دوزی را افشا و علیه اتهامات بسیج کند. نه حزب کمونیست در این ارتباط کاری کرد و نه متهمین در این جهت اقدامی انجام دادند. ظاهراً چنین به نظر می‌رسد که حزب کمونیست امیدوار بود که از این طریق بتواند در مقابل افتراهای حکومتی، مبنی بر اینکه برخی از اعضایش درگیر جاسوسی برای اتحاد شوروی شده بودند، از حزب حفاظت کند. تفکیکِ حزب از متهمین در حدی بود که دیلی ورکر حتی محاکمه را هم گزارش نکرد و فقط در یک خبر سه خطی، در صفحه‌ی آخر، رأی محکومیت را منتشر کرد.

فقط هنگامی که رأی اعدام در ۵ آوریل ۱۹۵۱ اعلام شد، *دیلی ورکر* پاپوش‌دوزی و مجازات وحشیانه را محکوم کرد. اما حتی در آن هنگام نیز اقدامی در جهت ایجاد کمیته‌ی دفاع صورت نگرفت. بالاخره اینکه چند ماه بعد از آن، *نشنال گاردین*[1]، مجله‌ی هفتگی و رادیکال که درنیویورک منتشر می‌شود، (که اکنون نامش گاردین است) مبارزه‌ای را برای افشای پاپوش‌دوزی آغاز و تلاش کرد تا جلوی اعدام‌ها را بگیرد. این اقدام در نوامبر ۱۹۵۱ به ایجاد "کمیته‌ی سراسری برای تأمین عدالت در مورد رُزنبرگ‌ها" منجر شد. بسیاری از اعضای حزب کمونیست در فعالیت‌هایی که این کمیته

1The *National Guardian*

سازماندهی می‌کرد شرکت کردند، همان‌طور که بسیاری از افراد و سازمان‌های دیگر هم، از جمله حزب کارگران سوسیالیست، مشارکت کردند.

گاهی اوقات از دوران مکارتی به عنوان دورانی یاد می‌شود که حزب کمونیست به طور نیمه‌زیرزمینی فعالیت می‌کرد. اما، این موضوع به هیچ شکلِ معنی‌داری صحت ندارد. حزب کمونیست هیچ‌گونه انتشارات زیرزمینی نداشت و هیچ‌گونه فعالیتی را مخفیانه سازماندهی نمی‌کرد. هنگامی که رهبران حزب کمونیست "زیرزمینی" می‌شدند، از فعالیت سیاسیِ علنی دست می‌کشیدند، گرچه به ندرت ازنظارت اف‌بی‌آی خلاص می‌شدند. سازماندهان امور "زیرزمینی" با ساختارهای حزبی با آن وضع‌شان در تماس می‌ماندند. آن‌ها از طریق مقاله نویسی در بولتن‌های بحث حزب و شرکت در جلسات کمیته‌های حزبی، در بحث‌های رهبری حزب شرکت می‌کردند و منتظر می‌ماندند تا اوضاع سیاسی تغییر کند.

در واقع، هرگونه فعالیت زیرزمینی بی‌معنی بود، چون با وجود تلاش‌های دولت برای غیرقانونی کردن حزب کمونیست، این حزب اصلا در تمام آن دوران غیرقانونی نشده بود. سرکوب، به شدت به اعضای حزب کمونیست و اعضای سابق‌اش صدمه زد. در مجموع ۱۶۰ نفر در ایالات متحده و پورتوریکو بر مبنای قانون اسمیت دستگیر شدند. چهل و یک نفر از دستگیرشدگان در نهایت به زندان محکوم گردیدند. بسیاری از افراد، اعضای حزب کمونیست و سایرین، از طریق قرار گرفتن نامشان در لیست سیاه، قربانی شدند. اقدامات کمونیست‌ستیزی اف‌بی‌آی، حق‌السکوت خواستن‌هایشان، اخراج از ایالات متحده یا تهدید به اخراج، گریبانگیر آن‌ها شد. بسیاری دیگر زندانی شدند، چون هنگام فراخوانده شدن به پای میز نهادهای شکار جادوگران نظیر کمیته‌ی کنگره درباره‌ی فعالیت‌های ضدآمریکایی[1] حاضر نشدند رفقایشان را لو دهند.

1 House Un-American Activities Committee

اما، تلاش‌های دولت برای غیرقانونی کردن حزب کمونیست با شکست مواجه شد. تلاش‌های مکرر برای مجبور کردن این حزب برای ثبت نام اعضایش در وزارت دادگستری با مخالفت دادگاه‌ها مواجه شد و در انتها شکست خورد. انتشارات حزب، از جمله *دیلی ورکر*، همچنان به طور قانونی منتشر و از طریق پُست و بدون مانعی توزیع می‌شدند.

اغلب اعضای حزب کمونیست به هیچ کس، حتی به همقطاران خود در محل اشتغالشان یا به فعالین سیاسی‌یی که همکاری مشترکی داشتند، خود را کمونیست معرفی نمی‌کردند. اما، این سیاست در دوران شکار جادوگران آغاز نشد، بلکه سال‌ها پیش در دوران *جبهه‌ی مردمی* شروع شده بود. این سیاست نه تنها به حزب کمونیست در نبرد علیه نقض حقوق دموکراتیک اعضا و حامیانش کمکی نکرد، بلکه بالاخص اعضای این حزب را در مقابل شکارچیان جادوگران ضربه‌پذیرتر کرد. کمیته‌های کنگره و دستی‌راستی‌ها در "شناسایی افراد" حزب کمونیست و حامیانش که به عضویت متهم شده بودند، تخصص پیدا کردند. چون اعضای حزب کمونیست ارتباط خود با حزبشان را از همقطاران و از کسانی که با آن‌ها همکاری سیاسی داشتند مخفی نگاه می‌داشتند، لذا، هنگامی که درصدد برآمدند تا برای دفاع از حقوق دموکراتیک خود، به عنوان عضو حزب کمونیست، حمایت دیگران را جلب کنند، با موانع خود ـ بپاکرده مواجه شدند. از طرف دیگر، برای "مفتش‌های" مکارتیستی، محکوم نمودن کسانی که در سطح وسیع‌تری به عنوان اعضای حزب کمونیست شناخته شده بودند، مشکل‌تر بود.

بخش عمده‌ی فضای فعالیت علنی، که حزب کمونیست از دست داد، نتیجه‌ی یک عقب‌نشینی وجب به وجب در نبردی مصمم برای حقوق دموکراتیک نبود، بلکه تاوانی بود که در نتیجه‌ی وجود بحران سیاسی در چشم اندازحزب پرداخت می‌شد. در جنبش کارگری تعداد کثیری از کارگران آماده بودند تا همبستگی طبقه‌ـکارگریِ خود را دست و دلبازانه به همه‌ی قربانیان ارتجاعِ دست‌راستی و خفقان حکومتی تقدیم کنند. سایرین، به

خصوص در جامعه‌ی سیاهان، به لزوم اقدام متحدانه برای دفاع از نظرات اقلیت و حقوق دموکراتیک پی برده بودند. اما، رهبران استالینیست، که خطر بروز فاشیسم را بزرگ‌نمایی می‌کردند، به کارگرانِ صف و متحدین‌شان پشت کردند. خط‌مشی آنان باعث تشدید صدمات ناشی از کاربرد شکار جادوگران، علیه حزب کمونیست و کل جنبش طبقه ـ کارگری شد.

عملیات مخفیانه‌ی اف بی آی

با خاتمه‌ی جنگ کره در سال ۱۹۵۳ و طرد سناتور جوزف مکارتی توسط بخش‌های غالب طبقه‌ی حاکم ایالات متحده در سال بعد، اقدامات شکار جادوگران رو به افول گذاشت. اوضاع سیاسی کشور تغییر کرد. در سال ۱۹۵۴، در مبارزاتی که به رهبری سیاهان برای حقوق مدنی صورت گرفت، مبارزاتی که بعد از جنگ جهانی دوم بدون وقفه ادامه یافته بود، یک پیروزی تاریخی بدست آمد: دیوان عالی ایالات متحده اعلام کرد که تفکیک‌نژادی در مدارس به معنای نقض اصول قانون اساسی است. این به نوبه‌ی خود به مبارزات بیشتری علیه سیستم تفکیک‌نژادی جیم کرو دامن زد. مخالفت عمومی علیه ادامه‌ی محکومیت‌های مبتنی بر قانون اسمیت نیز رو به رشد نهاد. آنان که علیه نقض حقوق مندرج در قانون اساسی مبارزه می‌کردند — و تشکیل گروه‌هایی نظیر "کمیته‌ی اضطراریِ آزادی‌های مدنی"[1] مشوق‌شان بود ـ توانستند پیروزی‌هایی کسب کنند؛ از جمله صدور آرای مطلوب‌تر در برخی دادگاه‌های فدرال.

در سال ۱۹۵۶ شورای امنیت ملی جلسه‌ای را در کاخ سفید برگزار کرد. هدف از برگزاری این جلسه، شنیدن گزارش رییس اف‌بی‌آی، ادگار جی هوور، و بررسی پیشنهادات وی در قبال سخت‌تر شدن مقاومت عمومی در مقابل اقدامات دولت علیه منشور حقوق بود. حقایق مربوط به این جلسه نخستین بار در سال ۱۹۸۱ در دادگاه کیفرخواست حزب کارگران سوسیالیست فاش شد. و آن موقعی بود که صاحب‌منصبان وزارت دادگستری گزارشی از این جلسه را به عنوان مدرک رو کردند که تا آن موقع به عنوان

1 Emergency Civil Liberties Committee (ECLC)

خیلی محرمانه دسته‌بندی شده بود. این سند در راستای این تلاش مطرح شد ـ که البته در نهایت ناموفق بود ـ تا نشان دهد طرح مخفیانه‌ی "برنامه‌ی ضدجاسوسی (کوینتل‌پرو)" قانونی بوده، چون شروعش در آن جلسه‌ی شورای امنیت ملی کلید خورده و در آنجا تأیید ریاست جمهوری را بدست آورده است.

وکلای دولت، برای تشریح اهمیت این مدرک، هربرت براونل[1] را به جایگاه شهود دعوت کردند. وی در دوران ریاست جمهوری دووایت آیزنهاور[2] در سمت دادستان کل عضو کابینه‌ی وی بود. براونل شهادت داد که حاضرین در جلسه‌ی شورای ملی در سال ۱۹۵۶ از جمله عبارت بودند از آیزنهاور، معاون رییس جمهور ریچارد نیکسون، رییس سیا آلن دالِس[3]، هوور رییس اف‌بی‌آی، و سایر صاحب‌منصبان حکومت. هوور کسی است که در این جلسه وضعیت را تشریح کرد. او گفت که تلاش‌های دولت برای اخلال در کارهای حزب کمونیست و حزب کارگران سوسیالیست و سایر گروه‌ها با مخالفت هرچه بیشتر افکار عمومی مواجه شده است. این موضوع خود را بدین طریق عیان ساخته بود که قضات فدرال به شکل روزافزونی اکراه داشتند از اینکه بر کیفرخواست‌های مبتنی بر قانون اسمیت صحه بگذارند؛ یا با عدم صدور گذرنامه به افراد "خرابکار" موافقت نمایند؛ یا سایر اقدامات شکار جادوگران را تأیید نمایند، از جمله اخراج کمونیست‌ها از ناوگان بازرگانی از طریق لغو گواهینامه‌ی ملوانان.

هوور به شورای امنیت ملی می‌گوید: "برای آنکه تصویری از اوضاع ارائه شود، باید گفت که ۴۲ نفر از افراد سرشناس، از جمله خانم فرانکلین دی روزولت، نورمن توماس، هنری استیل کُماجر[4]، و بسیاری دیگر، اخیراً

1 Herbert Brownell
2 Dwight Eisenhower
3 Allen Dulles
4 Norman Thomas, Henry Steele Commager

نابخردانه فراخوانی را امضا کرده و خواستار عفو محکومین قانون اسمیت و توقف کیفرخواست‌ها شده‌اند." هوور در ادامه‌ی صحبت‌های خود از احکامی که دادگاه‌ها در این باره صادر کرده بودند با تلخکامی انتقاد می‌کند؛ "نظیر رأیی که قاضی یونگ‌دال[1] در خصوص گذرنامه‌ی لئونارد بودین در تاریخ ۲۲ نوامبر ۱۹۵۳ صادر کرد و اقدامات دادگاه استیناف منطقه نهم در سانفرانسیسکو، کالیفرنیا، علیه طرح بازرسی و شناساییِ افراد گارد ساحلی [ملوانان کشتی‌های تجاری]...."

هوور تأکید می‌کند که خوشبختانه حد و حدود قدرت عمل قوه‌ی مجریه‌ی حکومت را نه مخالفت مردم می‌توانند محدود کنند و نه آرای دادگاه‌های فدرال. آنچه به صورت علنی قابل اجرا نیست، به شکل مخفیانه قابل حصول است. اف‌بی‌آی به سلاح "ضدجاسوسی" مسلح شده بود. هوور با افتخار اعلام می‌دارد که "ما در جهت نفوذ، رخنه، اخلال در سازماندهی و تخریب حزب [کمونیست] اقدام کرده‌ایم.... خبرچین‌ها عنصر کلیدی رخنه در حزب بوده‌اند.... در حال حاضر ما دارای ۹۲۱ خبرچین فعال در زمینه‌ی امنیتی هستیم که ساعت به ساعت در خصوص درونی‌ترین طرح‌ها و سیاست‌های حزب کمونیست خبرچینی می‌کنند."

در جایگاه شهود، در سال ۱۹۸۱، براونل تأکید کرد که گزارش هوور فقط به خود حزب کمونیست محدود نمی‌شد، بلکه همچنین "همه‌ی کسانی را در بر می‌گرفت که به هر شکلی به آن کمک می‌کردند. برای مثال، گروه‌های انشعابی‌یی بودند که به جلسات بین‌المللی کمونیستی، جلسات مخفیانه، چیزهایی از این قبیل، نمایندگانی اعزام می‌کردند. آن‌ها در گروه‌هایی قرار دارند که ما خرابکار می‌نامیم؛ گروه‌هایی که مخفیانه در ارتباط با قدرت‌های خارجی عمل می‌کنند." دادستان کل سابق اضافه کرد که این شامل حزب کارگران سوسیالیست هم می‌شد.

---

1 Judge Youngdahl

از براونل خواسته شدکه "منشأ اقتدار اف‌بی‌آی برای هدایت عملیات علیه حزب کمونیست و سایر گروه‌های خرابکار را به گونه‌ای که در این صفحه تعریف شده است" شناسایی کند. او بی‌درنگ جواب داد: "دستورات ریاست جمهوری." و ادامه داد: "به نظر من قانونی بودنش از اینجا ناشی می‌شد که رییس‌جمهور در اینکه چه روش‌هایی باید به کار گرفته شود، هیچ‌گونه محدودیتی قایل نشد." تکنیک‌هایی که شورای امنیت ملی بر کاربرد آن‌ها صحه گذاشت، شامل بود بر کارهایی نظیر فعالیت‌های خبرچین‌ها، ورود غیرقانونی به دفاتر، نصب ابزار استراق سمع بر خطوط تلفن و نصب میکروفن مخفی بدون حکم دادگاه، همچنین بازکردن مراسلات پستی و جستجو در زباله‌های افرادی که "خرابکار" محسوب می‌شدند. شش ماه بعد، اف‌بی‌آی رسماً عملیات کوینتل‌پرو را آغاز کرد، نخست علیه حزب کمونیست، بعد علیه حزب کارگران سوسیالیست، سازمان‌های سیاهان که برای حقوق مدنی مبارزه می‌کردند و سایرین.

با توجه به اینکه برای دستیابی به اهدافِ علناً اعلام شده، نظیر از هم پاشاندن گروه‌های کمونیستی از طریق کیفرخواست دولت و ایجاد لیست سیاه، دیگر امکان نداشت بتوان پشتیبانی اکثریت مردم ایالات متحده را بدست آورد، لذا، شورای امنیت ملی تصمیم گرفت که اف‌بی‌آی عملیات مخفیانه‌ای را علیه "خرابکارها" براه اندازد.

عملیات مخفی اف‌بی‌آی علیه منتقدین سیاست‌های دولت در حالی شروع شد که حق تشکل برای فعالیت سیاسی در حال گسترش بود. این پیشروی در حق تشکل نیز خود محصول جانبیِ احیای عملکرد سیاسیِ طبقه‌ـکارگری بود و مبارزه برای حقوق مدنی، به خصوص در مناطق تفکیک‌نژادی جنوب، نماد آن شده بود. به رغم تداوم عقب‌نشینی سیاسی جنبش اتحادیه‌ای، خیزش جدید در مبارزاتی که مردم سیاه‌پوست آغاز کرده بودند، داشت دستاوردهای خوبی را به ثبت می‌رساند. جنبش حقوق مدنی، در خط‌سیر نبرد برای سرنگونی ساختارهای سیستم جیم کرو و از هم پاشیدن آن، داشت

فضا را برای افراد و گروه‌ها باز می‌کرد، تا در جهت منافع خود و بدون دخالت دولت متشکل شوند.

گسترده‌ترین دستاورد در این زمینه، بسط تضمین آزادی تشکل برطبق متمم اول قانون اساسی بود؛ مبنی بر اینکه سازمان‌ها از حق حریم خصوصی برخوردار شوند و پلیس و مقررات دولت در کار آن‌ها دخالت نکنند. این پیروزی در پی یک سری از مبارزات برای کیفرخواست در مبارزات حقوق مدنی تثبیت شد. یکی از اولین و مهم‌ترین این‌ها پیروزی سازمان سراسری برای پیشرفت مردمان رنگین‌پوست علیه دولت ایالت آلاباما بود. این نبرد در اثر حمایت این سازمان از تحریم اتوبوس‌ها در شهر مونتگومری در ایالت آلاباما در دسامبر ۱۹۵۵ آغاز شد و با لغو تفکیک‌نژادی در اتوبوس‌های این شهر خاتمه یافت. به تلافی چنین فعالیت‌هایی بود که صاحب‌منصبان ایالت آلاباما تلاش کردند این سازمان را مجبور کنند تا اسامی اعضا و حامیانی را که به آن‌ها کمک مالی می‌کردند به دولت تحویل دهد. سازمان سراسری برای پیشرفت مردمان رنگین‌پوست از این خواسته سرپیچی کرد و استدلالش این بود که فهرست اسامی اعضا و حامیانش ربطی به دولت ندارد و تحویل اسامی به دولت منجر به قربانی شدن افراد خواهد شد.

در سال ۱۹۵۸ دیوان عالی ایالات متحده به نفع سازمان سراسری برای پیشرفت مردمان رنگین‌پوست رأی داد و تأیید کرد که "آزادیِ ارتباط جمعی و حریم خصوصی تجمع، با یکدیگر رابطه‌ای حیاتی دارند." دادگاه اعلام داشت که "در روابط گروهی، مصونیت حریم خصوصی از تعرض در بسیاری از مواقع ممکن است رابطه‌ای حیاتی با حق آزادی تجمع داشته باشد، به خصوص هنگامی که گروه مربوطه اعتقاداتی دگراندیشانه دارد." (این حق اساسی حریم خصوصی در سال ۱۹۷۳ از این هم بیشتر بسط یافت، هنگامی که دیوان عالی ایالات متحده رأی داد که "حق برخورداری از حریم خصوصی شخصی ... تحت قانون اساسی تضمین شده است" و اینکه "این حق آن‌قدر وسیع است که حق زنان در کنترل بر بدنشان و ختم بارداری را هم شامل می‌شود.")

اما، از دیدگاه قوه‌ی مجریه‌ی حکومت، این احکام دادگاه‌ها بر عملیات مخفی اف‌بی‌آی در داخل ایالات متحده تأثیر نداشت. موجه بودن این عملیات، از نظر وزارت دادگستری، ناشی از "قدرت‌های ذاتیِ" رییس جمهور است و ورای دسترسی احکام دادگاه‌ها و قوانین مصوب کنگره می‌باشد. تا زمانی که این عملیات از دید عمومی مخفی باقی مانده بود، این موضع سنگ محک نخورد. اما هنگامی که در اوایل دهه‌ی ۱۹۷۰ عملیات مخفیانه برملا شد، موضوع کم‌کم مطرح شد. نتیجه‌ی این کار، طرح برخی از مسایل بنیادین حقوق مندرج در قانون اساسی بوده است. بسیاری از این حقوق، مستقیماً بر اثر ابتکار حزب کارگران سوسیالیست در کیفرخواست علیه دادستان کل و اف‌بی‌آی مطرح شده‌اند.

عملیات دولت، افشا می‌شود

کیفرخواست حزب کارگران سوسیالیست در ژوییه‌ی ۱۹۷۳، همان زمان که افتضاح واترگیت داشت برملا می‌شد، تحویل دادگاه شد. واترگیت نخستین بحران حکومتی در اواخر قرن بیستم و ناشی از یک تضاد رو به رشد بود. تضاد میان آنچه طبقه‌ی حاکم ایالات متحده مجبور است علیه دشمنان طبقاتی‌اش در داخل و خارج از کشور انجام دهد و از طرف دیگر، آنچه می‌تواند به عنوان اهداف و روش‌هایش علناً اعلام کند.

در جنگ جهانی دوم، حاکمان کشور توانستند مردم را برای حمایت از اهداف جنگی خود بسیج کنند. آن‌هایی که با این خط‌سیر مخالف بودند اقلیت کوچکی بیش نبودند. برخی از آن‌ها به خاطر نظراتشان، که در اقلیت بود، زندانی شدند، بدون اینکه فریاد اعتراض وسیعی در سطح کشور شنیده شود. اما، هنگامی که جنگ کُره فرا رسید، در میان زحمتکشان چندان ذوق و شوقی برای جنگ باقی نمانده بود و مخالفت در ابعاد قابل توجهی ابراز می‌شد. یکی از علایم این تحول این بود که دولت تصمیم گرفت خلاف نص صریح قانون اساسی، حکم اعلام جنگ را از کنگره درخواست نکند. جنگ کره نخستین جنگی هم بود که ایالات متحده نتوانست پیروز شود.

هنگامی که دولت ایالات متحده در اواسط دهه‌ی ۱۹۶۰ ابعاد دخالت خود در ویتنام را گسترش داد، برای نخستین بار در تاریخ این کشور شرایطی ایجاد شد تا جنبش ضدجنگ توده‌ای، درست در وسط شلیک توپ‌های جنگ، پا به عرصه‌ی ظهور بگذارد. احساسات ضدجنگ با سوءظن عمومی و بی اعتمادیِ رو به رشدی نسبت به کارهای مخفیانه و دروغ‌های واشنگتن درباره‌ی اهداف جنگی و روش‌هایش توأم شد. همانند جنگ کره، به کنگره پیشنهاد نشد که اعلام جنگ را تصویب کند. بلکه، دولت در تمام این جریان

بر مبنای "قدرت قوه‌ی مجریه" عمل کرد.

همگام با گسترش ابعاد افشای جریان واترگیت، برای بخش روزافزونی از مردم روشن شد که اکاذیب و عملیات مخفیانه‌ای که دولت برای پیشبرد اهدافش در ویتنام به کار می‌بُرد، همان روش‌های مورد استفاده در داخل کشور بودند. "قدرت‌های ذاتی" که رییس جمهور به کار برد تا جنگی جنایت‌بار علیه مردمان هندوچین راه بیندازد، علیه مبارزان حقوق سیاهان، علیه فعالان پورتوریکویی و فعالان مکزیکی-آمریکایی، علیه جنبش آزادی زنان، علیه سازمان‌های ضدجنگ و علیه کمونیست‌ها نیز به کار می‌برد. به‌تدریج که حقایق درباره‌ی کوینتل‌پرو و سایر عملیات اف‌بی‌آی فاش شد، بیش از پیش روشن شد که این روش‌ها را ابتدا در *داخل* کشور به کار گرفته بودند. جنگ‌های واشنگتن علیه دشمنان طبقاتی‌اش در ماورای بحار، بسط جنگ دولت سرمایه‌داری علیه دشمنان طبقاتی‌اش در درون کشور بود.

امروز، دولت ایالات متحده در وسط دومین بحرانش ایستاده است، بحرانی که ناشی از افشای فروش مخفیانه‌ی اسلحه به ایران و تأمین مالی نیروهای *کنترا* به طور مخفیانه برای تلاش در جهت سرنگونی حکومت نیکاراگوئه است. همانند واترگیت، ریشه‌ی بحران کنونی نیز از اینجا سرچشمه می‌گیرد که امپریالیسم ایالات متحده قادر نیست جلوی حرکت تاریخ را بگیرد. حاکمان ایالات متحده باید هرچه بیشتر به سیاست‌هایی متوسل شوند و روش‌هایی را به کار گیرند که نمی‌توانند علناً اعلام نمایند و یا از آن‌ها دفاع کنند و حداقل بخشی از این عملیاتِ مخفیانه به شکل غیرقابل اجتنابی برای اذهان عمومی برملا می‌شوند. کیفرخواست حزب کارگران سوسیالیست علیه حکومت، همگام با رشد و توسعه‌ی بحران کنونی حکومت، توجهی جدید و حمایت گسترده‌تری را به سوی خود جلب کرده، چون قلب این پرونده همان مسایل مطروحه در افتضاح جنجالی کنتراگیت[1] است: آیا می‌شود حاکمیت

---

1 Contragate

قانون را به بهانه‌ی "امنیت ملی" معلق کرد؟ آیا رییس جمهور، دادستان کل، سازمان سیا، اف‌بی‌آی و *امنیت ملی* بالاتر از قانون قرار دارند؟

عمق آنچه در این پرونده مطرح است، هنگامی آشکار شد که نبردهای پیش‌درآمد بررسی پرونده‌ی حزب کارگران سوسیالیست آغاز گردید. از همان ابتدا، مهم‌ترین نکته در پرونده این بود که آیا اف‌بی‌آی این حق را دارد که برای اخلال در امور حزب کارگران سوسیالیست و سازمان اتحاد جوانان سوسیالیست از خبرچین استفاده کند یا نه. برای کمک به اثبات اینکه دولت قانون اساسی را نقض کرده است، وکلای حزب کارگران سوسیالیست از قاضی گریسا خواستند تا دستور دهد اف‌بی‌آی پرونده‌ی خبرچین‌هایش را به دادگاه تحویل دهد. قاضی دستور داد تا پرونده‌های هیجده خبرچین به عنوان نمونه تحویل شوند. وزارت دادگستری فوراً علیه این دستور اعتراض کرد؛ نخست به دادگاه استیناف و بعد هم به دیوان عالی ایالات متحده. وکلای دولت استدلال کردند که تحویل پرونده‌ی هر خبرچینی، یعنی نقض این قانون مطلق که هرگز نباید هویت خبرچین‌های مخفی بدون موافقت خودشان فاش شود. وکلای وزارت دادگستری در اعتراض‌شان اظهار داشتند که نقض این اصل "تأثیری ویرانگر بر تجسس اف‌بی‌آی باقی خواهد گذاشت." اما، دستور گریسا را دادگاه‌های عالی‌تر لغو نکردند.

آن‌گاه دولت اقدام بی‌سابقه‌ای انجام داد: گریفین بل[1]، دادستان کل (عضو کابینه‌ی رییس جمهور جیمز کارتر[2]) به قاضی گریسا اعلام داشت که از دستورش اطاعت نخواهد کرد. این یکی از آن لحظات در بررسی این پرونده بود که مانورهای معمولی میان وکلا کنار گذاشته شد. دادستان کل در این هنگام، نه در سِمَت یک منصوب سیاسی، بلکه در سِمَت سخنگوی قدرت پلیسی دولت و خودِ قدرت دولت عمل می‌کرد. واکنش گریسا این بود که

1 Griffin Bell
2 James Carter

رفتار دادستان کل را در تاریخ ۳۰ ژوئن ۱۹۷۸ در حکم توهین به دادگاه اعلام کند و این نخستین بار در تاریخ ایالات متحده بود که چنین حکمی صادر می‌شد. گریسا اعلام داشت که "دادستان کل 'حق' ندارد از دستور دادگاه سرپیچی کند. دادگاه این اقتدار را دارد و تحت سیستم قانونی ما باید این اقتدار را داشته باشد که حکم‌اش برای تولید مدرک را به اجرا بگذارد...."

وزارت دادگستری بلافاصله علیه حکم توهین به دادگاه، درخواست استیناف کرد. دادگاه استیناف، که پیش از آن حاضر نشده بود حکم گریسا را لغو کند، این بار حکم کرد که، در مورد سرپیچی بِل از حکم دادگاه، طرح اتهام "توهین به دادگاه" زیاده‌روی است و حکم گریسا را لغو کرد. محتوای پرونده‌های اف‌بی‌آی در نهایت توسط شخص خاصی که دادگاه برای این کار تعیین کرد جمع‌بندی گردید و این جمع‌بندی بخشی از سوابق محاکمه شد.

در یک برنامه‌ی تلویزیونی در سال ۱۹۷۷ از رییس جمهور اسبق، ریچارد نیکسون، سؤال شد که آیا او معتقد است رییس جمهور می‌تواند مجوز برای کارهای غیرقانونی نظیر سرقت علیه مخالفین جنگ ویتنام را صادر کند. نیکسون پاسخ داد:

هنگامی که رییس جمهور این کار را می‌کند، یعنی اینکه چنین کاری غیرقانونی نیست.

> سؤال: یعنی طبق تعریف؟
> جواب: دقیقاً. دقیقاً. برای مثال، اگر رییس جمهور، چیزی را به خاطر امنیت ملی تأیید کند ... آن‌گاه تصمیم رییس جمهور در همان لحظه مجریان را قادر می‌سازد آن را اجرا کنند، بدون اینکه قانونی را زیر پا گذاشته باشند.

صاحب‌منصبان وزارت دادگستری نیز بر مبنای همین موضع در دادگاهِ کیفرخواست حزب کارگران سوسیالیست وقت زیادی را صرف چنین استدلالی کردند. دادستان کل سابق، هربرت براونل، در جایگاه شهود راجع به سندی

توضیح داد که وی در سال ۱۹۵۴ در پاسخ به تصمیم دیوان عالی تهیه کرده بود. در آن زمان، دیوان عالی حکم کرده بود که ورود مخفیانه‌ی پلیس به یک منزل خصوصی و نصب میکروفون در اطاق خواب فردی که متهم به نقض قوانین مربوط به قماربازی بود، خود نقض *چهارمین متمم قانون اساسی* بوده است. براونل به اف‌بی‌آی دستور داده بود که هنگام پیگرد "خرابکارها"، حکم دیوان عالی را نادیده بگیرند. براونل می‌نویسد:

> واضح است که تلاش خواهد شد تا از نصب میکروفون در اطاق خواب یا حریم خصوصیِ مشابه تا جایی که ممکن باشد حذر شود. اما، ممکن است چنین به نظر برسد که اطلاعات جاسوسی مهم و یا مدارکی مرتبط با امنیت ملی را فقط بتوان با نصب میکروفون در چنین مکان‌هایی بدست آورد. به نظر من در چنین شرایطی نصب میکروفون جایز است و تصمیم دیوان عالی هم آن را رد نکرده....

در جایگاه شهود، براونل استدلال کرد که وقتی موضوع "جاسوسی" یا "امنیت ملی" مطرح باشد، یعنی هنگامی که هدف سیاسی مطرح است و نه فعالیت جنایی، آن‌گاه قوه‌ی مجریه‌ی حکومت اقتدار آن را دارد که *منشور حقوق* را نادیده بگیرد. هنگام بازپرسی، دادستان کل سابق از اینکه کسی بتواند این دکترین را مورد سؤال قرار دهد به وضوح عصبانی شد. هنگامی که خود قاضی چند سؤالِ جهت‌دار از او کرد، براونل صدایش را بالا برد. بالاخره هنگامی که از او سؤال شد که "از نظر شما در سِمَت دادستان کل، آیا رعایت متمم چهارم قانون اساسی هنگام تحقیق در موارد اطلاعاتی مطرح است یا خیر؟" براونل پاسخ داد:

> در این مورد، ما هیچ‌گونه توصیه‌ای از دیوان عالی دریافت نکرده بودیم. من فکر می‌کنم تا جایی که به دیوان عالی مربوط می‌شود، موضوع هنوز مطرح است. از یک طرف قدرت صریح رییس جمهور برای هدایت امور خارجه را داریم و وی فرمانده کل قواست. از طرف دیگر متمم

چهارم قانون اساسی را داریم.

سپس براونل مکث کرد، مستقیماً به چشمان قاضی گریسا خیره شد و گفت: "تاکنون هیچ‌گونه رأیی در دادگاه صادر نشده که این‌گونه عملیات را وقتی به اطلاعات مربوط می‌شود منع کرده باشد."

پیغام صریح بود: مدت‌هاست که این کار ادامه دارد و هیچ قاضی فدرال تاکنون سعی نکرده جلوی ما را بگیرد، پس برای خودت دردسر درست نکن. گریسا پاسخ‌اش را تا هنگام صدور رأی پیش خودش نگاه داشت؛ رأی وی هرگونه ادعای براونل و وزارت دادگستری را، در این مورد که قوه‌ی مجریه قدرت لگدمال کردن منشور حقوق مردم را دارد، به صراحت رد کرد.

چرا حزب کارگران سوسیالیست؟

چرا حزب کارگران سوسیالیست بود که توانست ابتکار عمل را در این مبارزه برای حقوق دموکراتیک در دست بگیرد؟ چرا حزب کمونیست، هنگامی که فرصت پیش آمد، چنین قدمی برنداشت؟ حزبی که بیش از حزب کارگران سوسیالیست با عملیات ایذایی، اخلال و جاسوسی دولت مواجه بوده است. چرا نیروهای سوسیال دموکرات، نظیر سازمان سوسیالیست‌های دموکراتیک آمریکا، که نسبت به حزب کارگران سوسیالیست به‌مراتب از امکانات مالی و قانونی بیشتری برای کیفرخواست برخوردار است، چنین حرکتی را انجام نداد؟

پاسخ به این سؤالات به خوبی روشن خواهد کرد که چشم‌انداز جریانات اصلی جنبش طبقه‌ـکارگری امروزه چقدر با هم فرق دارند. نگاهی به راه‌هایی که وزارت دادگستری تلاش کرد تا حزب کارگران سوسیالیست را از مسیر خارج کند و شکست دهد، کمک خواهد کرد تا به سوالات بنیادینی که در اینجا مطرح است، پاسخ داده شود.

یکی از تاکتیک‌های دولت این بود که از سال ۱۹۷۶ تا ۱۹۸۰ مکرراً سعی کرد حزب کارگران سوسیالیست را متقاعد کند تا خارج از دادگاه با یکدیگر به توافق برسند. شرایط توافق بدین شرح پیشنهاد شده بود: اف‌بی‌آی قول خواهد داد که تابع قانون باشد، اما به هیچ وجه راجع به جلوگیری از روش‌هایی نظیر نفوذ خبرچین، سرقت اسناد و مدارک و عملیات اخلال‌گرانه حرفی به میان نخواهد آمد. در قبال اینکه حزب کارگران سوسیالیست این قول را بپذیرد و دست از کیفرخواست بردارد، وزارت دادگستری حاضر بود پول قابل توجهی به حزب بپردازد.

در چندین کیفرخواست دیگر علیه اف‌بی‌آی، دولت خارج از دادگاه با

شاکی به توافق رسیده بود. بسیاری از این کیفرخواست‌ها از موفقیت‌های اولیه‌ی کیفرخواست حزب کارگران سوسیالیست در علنی نمودن و بازکردن پرونده‌های عملیات مخفی اف‌بی‌آی الهام گرفته بودند. برخی از این پرونده‌ها هنگامی به توافق در خارج از دادگاه انجامید که افراد یا گروه‌های شاکی قادر نبودند بار هزینه‌های سنگین و زمان طولانیِ مبارزه علیه امکانات گسترده‌ی دولتِ فدرال را بر دوش بکشند. اما، برخی دیگر به توافق رسیدند، چون شاکی را از نظر سیاسی قانع کرده بودند که آنچه وزارت دادگستری تحت عنوان "دستورالعمل‌های" اف‌بی‌آی در سال ۱۹۷۶ صادر کرده موجب تحقق خواسته‌های آن‌ها شده و دیگر دلیلی برای آنکه به شکایت ادامه داده شود وجود ندارد.(۱۲) کسانی که با توافق در خارج از دادگاه بدین شکل کنار آمدند، حاضر نشدند ادعای دولت ایالات متحده را به چالش بکشند؛ این ادعا که دولت باید نیروی پلیس سیاسی‌یی داشته باشد تا بتواند از "ما" علیه "آن‌ها" دفاع کند، خواه "آن‌ها" خرابکارها و تروریست‌ها باشند، یا جنبش کمونیستی جهانی. آن‌ها که هدفشان این بود که اف‌بی‌آی و سایر سازمان‌های پلیس سیاسی فدرال به شکل روشن‌بینانه‌تر و دموکراتیک‌تری عمل کنند، هنگامی که مسایل واقعی راجع به آزادی‌های دموکراتیک مطرح شد، فلج شدند.

حزب کارگران سوسیالیست مسیر متفاوتی را برگزید. در حالی که پرونده‌ی مربوط به کیفرخواست حزب کارگران سوسیالیست به محاکمه نزدیک می‌شد، وزارت دادگستری تلاش خود را برای توافق در خارج از دادگاه تشدید کرد. همگام با حصول توافق در برخی از موارد، وکلای دولت طی چندین سال متوالی هر از گاهی در این زمینه کَند و کاو کرده بودند. حزب کارگران سوسیالیست و وکیل‌اش بودین، امکان دستیابی به توافق در خارج از دادگاه را رد نکرده بودند و هر پیشنهادی را ارزیابی می‌کردند. اما، هیچ‌یک از این پیشنهادات، دستاوردی برای حقوق دموکراتیک به همراه نداشتند. در بهار و تابستان ۱۹۸۰، وکلای وزارت دادگستری تجدید تلاش

کردند و مقدار پول پیشنهادی را به میزان قابل توجهی افزایش دادند. (تخمین زده می‌شد که پرداخت نهایی تا حد یک میلیون دلار افزایش یابد، که شامل بر صورتحساب وکلا نیز می‌شد.) اما، محتوای پیشنهاد واشنگتن برای توافق تغییری نکرده بود.

در سپتامبر ۱۹۸۰ دفتر دادستان کل پیشنهاد "نهایی" خود را برای حل و فصل ارائه داد. این پیشنهاد دارای همان طرحی بود که سایر شاکیان و قربانیان عملیات اف‌بی‌آی بر مبنایش به توافق رسیده بودند. در واکنش به این پیشنهاد، لئونارد بودین نامه‌ی مفصلی برای وزارت دادگستری ارسال و دلایل رد آن را مطرح کرد. او نوشت:

> برای من غیرقابل‌تصور است که *پرونده‌ی شکایت حزب کارگران سوسیالیست علیه دادستان کل* بتواند یا باید به توافق بیانجامد، بدون اینکه ذکری به میان آید که متهم ناقض منشور حقوق بوده و همچنین بدون تأییدِ حقوق شاکی برای مصون ماندن از اقدامات ایذایی و رفتار ظالمانه‌ی دولت، مصونیت از لیست سیاه و "تفتیش"، خواه از نوع کوینتل‌پرو یا از نوع عادیش. نظر من بر این است که قاضی گریسا، که هفت سال را صرف نظارت بر کشف مطالب در این راستا نموده است، هیچ‌گونه توافقی را که مستقیماً به این موضوعات نپردازد، تأیید نخواهد کرد.
>
> دفتر دادستان کل سعی دارد از طرح موضوعات مرتبط با اف‌بی‌آی، سازمان سیا و اقداماتِ خلافِ قانونِ سایر اداراتی که اکنون در معرض اتهام هستند حذر کند. از همان اواسط دهه‌ی ۱۹۷۰ که موضوع این اقداماتِ "اطلاعاتی" فاش شد و افکار عمومی بر آن‌ها متمرکز گردید، چنین بوده است. گرچه کنگره گزارش‌های زیادی را در این باره دریافت کرده و بحث‌های زیادی در خصوص ماهیت اف‌بی‌آی صورت گرفته، با این حال کنگره هنوز با این مسأله برخورد نکرده است. توافقاتِ خارج از دادگاه در پرونده‌هایی نظیر [جین] *فوندا*[1] [*علیه اف بی آی*] و *اتحاد*

1 Jane Fonda

> *برای ختم خفقان علیه شیکاگو*[1] هم موضوعاتی را نادیده می‌گیرند که از نظر حقوقِ اساسی در درجه‌ی اول اهمیت قرار دارند....
>
> آنچه به شکل خارق‌العاده‌ای طی هفت سال در این پرونده رشد و توسعه یافته این مطلب را تثبیت کرده که شاکی فقط و فقط درگیر کارهایی بوده که متمم اول قانون اساسی آزادی آن‌ها را تضمین کرده است. شاکی حق دارد به این فعالیت‌ها ادامه دهد، بدون اینکه دولت درباره‌اش تفتیش کند، در کارهایش اخلال نماید و یا مجازات کند. کل هدفی که در این اقامه‌ی دعوا دنبال می‌شود، اثبات همین حقِ مبتنی بر متمم اول قانون اساسی است.

یکی از شروط منظور شده در پیشنهاد "نهاییِ" وزارت دادگستری بالاخص برای حزب کارگران سوسیالیست و وکیل‌اش بودین نگران‌کننده بود. طرح اولیه‌ی دولت برای حصول توافق اعلام می‌داشت که "فعالیت‌های حزب کارگران سوسیالیست و عقایدی که طبق اسناد و مدارک درج شده در این پرونده ترویج می‌کند، برای آنکه طبق قوانین و دستورالعمل‌های موجود و از نظر امنیت داخلی مبنای تحقیقات امنیتی درباره‌ی شاکی قرار گیرد، کافی نیست...." اما، در جای دیگری از همان سند اعلام شده بود که اسناد موجود در دادگاه "همه‌ی اطلاعات قابل دسترس اف‌بی‌آی را در بر نمی‌گیرد."

مانورشان شفاف بود. دولت می‌خواست بتواند همچنان ادعا کند که شواهدی دال بر مجرم بودن حزب کارگران سوسیالیست وجود دارد که به دادگاه تسلیم نشده، چون این کار برای حفاظت از منابع و روش‌های فوق‌سری کسب اطلاعات ضروری بوده است. بودین، در پاسخ اعلام داشت: "اگر چنین شواهدی وجود دارد باید ارائه شود. اگر وجود ندارد، باید اعلام شود که چنین شواهدی موجود نیست."

این موضوع تبدیل شد به محور محاکمه که در آوریل ۱۹۸۱ آغاز شده

---

1 *Alliance to End Repression v. Chicago*

بود. در اوایلِ اقامه‌ی دعوا، وکلای دولت اعلام کردند که اف‌بی‌آی شواهدی را جمع‌آوری کرده که گواه بر فعالیت‌های غیرقانونی حزب کارگران سوسیالیست هستند. آن‌ها گفتند که چنین شواهدی کلیه فعالیت‌های اف‌بی‌آی علیه حزب کارگران سوسیالیست را از نظر قانونی توجیه می‌کنند. اما، مدعی بودند که منابع و روش‌های کسب این اطلاعات به قدری حساس هستند که نشان دادنِ شواهد، به حزب کارگران سوسیالیست، عواقب وخیمی برای "امنیت ملی" در بر خواهد داشت.

استراتژی دولت به مراتب خطرناک‌تر از آن بود که در وهله‌ی اول به نظر می‌رسید. طبق قوانین حاکم بر ارائه‌ی شواهد در دادگاه، مدارکی که یک طرف دعوا در دادگاه ارائه نداده است قابل تکیه نیست، چون فرصت برای اثبات نادرستی‌اش یا امکان سؤال از شاهد وجود نداشته است. قضات معمولاً چنین "شواهد سّری" را مد نظر قرار نمی‌دهند. و قاضی گریسا هم در ابتدا همین‌طور حکم کرد: اگر وزارت دادگستری محتوای مدارک سّری را آشکار نکند، آن‌گاه او آن مدارک را برای اخذ تصمیم در مورد این پرونده مدنظر قرار نخواهد داد.

اما، این خط‌مشی، خطری در بر داشت. حتی اگر گریسا نمی‌پذیرفت که مدارک سّری به عنوان شاهد منظور شوند، با این حال این مدارک می‌توانستند به عنوان بخشی از مدارک در این پرونده به دادگاه بالاتری ارجاع شوند. بنابراین، دادگاه استیناف نه تنها می‌توانست مدارک سّری را بخواند، بلکه می‌توانست بر مبنای آن‌ها حکم صادر کند. گرچه چنین کاری خیلی به‌ندرت اتفاق می‌افتد، اما اینکه دادگاه‌ها چنین مدارک سّری را مدنظر قرار دهند، بی‌سابقه نیست.

به همین دلیل، حزب کارگران سوسیالیست اقدامی غیرعادی، در واقع بی‌سابقه، انجام داد. حزب از گریسا خواست که مدارک سّری را مد نظر قرار داده و مورد ارزیابی قرار دهد. گرچه وکلای حزب قادر نبودند صحت این اسناد را مستقیماً مورد سؤال قرار دهند، چون اتهامات وارده در آن‌ها در

تاریکی باقی می‌ماند، اما قاضی می‌توانست اتهامات را بر مبنای کلیتِ داده‌های مطرح شده در محاکمه ارزیابی کند. بر این مبنا، قاضی می‌توانست خود تصمیم بگیرد که آیا اتهامات مطرح شده در مدارکِ سّری معتبرند، یا خیر.

این حرکت، قاضی را به تعجب واداشت و وکلای دولت را غافلگیر کرد. گریسا با دقت به اظهارات مارگارت وینتر[1] گوش داد. وی در این محاکمه در رأس گروه وکلای حزب کارگران سوسیالیست قرار داشت و چنین استدلال کرد که فقط و فقط اگر قاضی پرونده‌های سّری را بررسی کند، حزب می‌تواند امیدوار باشد به اینکه مانعی از سر راه برداشته شده؛ یعنی مانعی بزرگ یا حتی سرنوشت‌ساز بر سر راه صدور حکمی به نفع حزب کارگران سوسیالیست در دادگاه استیناف یا دیوان عالی. گریسا نکته را دریافت و با این استدلال موافقت کرد. یک سری جلسات خصوصی بین قاضی و وکلای دولت برگزار شد که در آنجا گریسا ظاهراً فشار زیادی بر وزارت دادگستری وارد آورد که یا داوطلبانه مدارک سّری را پس بگیرد و مطرح نکند و یا محتوای آن‌ها را علنی کند، تا حزب کارگران سوسیالیست بتواند آن‌ها را بخواند.

در نهایت، قاضی گریسا حکمی صادر کرد و در آن اعلام داشت که این حکم " بیانگر بخشی از توافق دولت است." قاضی برای مطالب سّری "هیچ‌گونه جنبه‌ی مستندی قایل نیست" و وزارت دادگستری "توافق کرده است که در این دادگاه یا دادگاه استیناف دیگری به این مدارک به عنوان شاهد تکیه نخواهد کرد." در نهایت، وکلای دولت مجبور شده بودند که از تکیه بر پرونده‌های سّری در هرگونه کیفرخواست استینافی دست بردارند.

این رویداد واقعیت بنیادینی را درباره‌ی حزب کارگران سوسیالیست برجسته کرد. تا همین امروز هم فقط می‌توان حدس زد که محتوای

---

1 Margaret Winter

پرونده‌های سّری چیست. با این حال، حزب کارگران سوسیالیست در خصوص اینکه قاضی آن‌ها را بخواند و مدنظر قرار دهد، اصلا تردیدی به خود راه نداد. سؤال مشابهی پیش از آن هنگامی مطرح شد که وزارت دادگستری نسبت به تحویل پرونده‌های خبرچین‌های اف‌بی‌آی معترض شد. سپس لئونارد بودین به رهبری حزب کارگران سوسیالیست توصیه کرد که موافقت کند تا گریسا خودش پرونده‌ها را بخواند، چون گریسا هنوز آمادگی لازم را پیدا نکرده بود تا ادعای اف‌بی‌آی در مورد "مصونیت خبرچین‌ها" را رد کند.

بعدها هنگام نگاهی دوباره به این تصمیم، بودین چنین نظر داد که این یکی از نقاط عطف این پرونده بود. بودین گفت: "من هرگز آن زمان را فراموش نخواهم کرد که قاضی گریسا بعد از مرور گزارشات خبرچین‌های اف‌بی‌آی وارد صحن دادگاه شد. البته وی از افشای هرچیزی درباره‌ی محتوای آن پرونده‌ها منع شده بود. اما، او رو کرد به من و گفت: 'آقای بودین، شما هرگز باور نخواهید کرد که چه چیزهایی در آن پرونده‌ها هست.' او از اینکه چه نوع اطلاعاتی درباره‌ی کارهای سیاسی قانونی و جزییات زندگی شخصی افراد را اف‌بی‌آی جمع‌آوری می‌کرد، شگفت‌زده شده بود."

برای حزب کارگران سوسیالیست دشوار نبود که تصمیم بگیرد و موافقت کند تا قاضی پرونده‌های جاسوسان و سپس پرونده‌ی سّری را بخواند، حتی باوجود اینکه حزب از حق دیدن خود اسناد محروم شده بود. حزب کارگران سوسیالیست اطمینان داشت که هیچ مطلبی در پرونده‌های سّری نمی‌توان یافت که سیاست‌ها یا فعالیت‌های حزب را به گونه‌ای مطرح کند که با گفتار علنی حزب کارگران سوسیالیست مغایرت داشته باشد. (البته، هیچ کس نمی‌توانست مطمئن باشد که اف‌بی‌آی چنین شواهدی را از خودش در نیاورده باشد، بدون شک فرض بر این بود که چنین کرده باشند. اما، هرگونه سندسازی که بدین نحو سرهم شده باشد با انبوه وقایع ثبت شده بر مبنای ده‌ها سال فعالیت حزب در جنبش طبقه‌ـکارگری در تناقض می‌افتاد.) این اطمینان مبتنی بر یک واقعیت سیاسی بنیادین بود. حزب کارگران

سوسیالیست، همانند هر سازمان اصیل کمونیستی دیگری، *هیچ گونه هدف ویژه‌ای را برای خود حزب دنبال نمی‌کند*. حزب، مرحله‌ی رشد و نمو مبارزات جهانی طبقه‌ی کارگر و متحدین‌اش را تجزیه و تحلیل می‌کند. حزب پیشنهادهایش را ارائه می‌دهد تا به بهترین نحوی در راستای آن مبارزه‌ای گام برداشته شود که به کسب قدرت توسط کارگران و کشاورزان بینجامد. از آنجایی که حزب کارگران سوسیالیست هیچ‌گونه هدفی مختص خودش ندارد که از خط‌سیر تاریخی‌یی که طبقه‌ی کارگر در راستایش گام بر می‌دارد جدا باشد، لذا نمی‌تواند دارای پروگرام یا سیاست‌هایی باشد که از طبقه‌ی کارگر مخفی نگاه داشته شوند. علاوه بر این، هرگونه عملکرد سازمانی که با این‌ها همگام نباشد، با چشم‌اندازهای سیاسی حزب مغایرت خواهد داشت.

این اصل، ۱۴۰ سال پیش از این، هنگام بنیان‌گذاری جنبش کمونیستیِ مدرن پایه‌گذاری شد. مارکس و انگلس در سال ۱۸۴۷ مبارزه کردند تا سازمان کمونیستِ تازه تأسیس را از وجود سُنّت‌های توطئه‌چینی و روش‌های سازمانی‌یی که تا آن هنگام بر گردانندگان پیشین این سازمان و کل جنبش انقلابی کارگری سلطه یافته بود، پاک کنند. ساختار سرّی، پروگرام سرّی و حتی زبان سرّی، همه باید جای خود را به جنبشی می‌دادند که آگاهانه توطئه را به عنوان یکی از شیوه‌های عملکردش رد می‌کرد. مارکس و انگلس بر سر این‌ها پافشاری کردند.

همان‌طور که نخستین جمله‌های خود *مانیفست کمونیست* مطرح می‌کند، "اکنون زمان آن فرا رسیده است که کمونیست‌ها نظریات، اهداف و گرایش‌های خود را آشکارا و در برابر چشم همه‌ی جهانیان منتشر نمایند و با صدور بیانیه‌ی خودِ حزب، با این افسانه‌ی کودکانه‌ی شبح کمونیسم مقابله کنند."

این رویکرد ناشی از نفی همه‌ی ایده‌هایی بود که می‌پنداشت انقلاب واقعی را گروه کوچکی می‌تواند به نیابت از طبقه‌ی کارگر انجام دهد. مارکس

توضیح داد که "انقلاب واقعی درست عکس نظریه‌ی *موچارد*[1] [خبرچینِ پلیس] است که ... همه‌ی انقلاب‌ها را به حساب یک محفل کوچک می‌گذارد."

در محاکمه‌ی حزب کارگران سوسیالیست، *موچاردها* مدام تلاش کردند تا ثابت کنند که حزب برای اذهان عمومی یک چیز می‌گوید و در جلساتش در پشت درهای بسته‌ی حزبی چیز دیگری. آن‌ها سعی کردند این را جا بیندازند که حزب ساختار دوگانه‌ای داشته است، یکی برای اهداف علنی و دیگری برای آنچه از اذهان مخفی بود. در تک‌تک موارد، حقایق عکس این را ثابت کرد. گرچه یک حزب کارگری حق دارد، در واقع این مسئولیت بر دوشش قرار دارد، که از حریم خصوصی اعضا و حامیانش در مقابل کارفرمایان و پلیس حفاظت کند، اما هیچ حقی ندارد که ایده‌ها، روش‌ها و استنباطات سازمانی‌اش را از زحمتکشان مخفی نگاه دارد. اگر حزب کارگران سوسیالیست در هر مقطعی از تاریخِ حیاتش مشی دیگری را انتخاب می‌کرد، یا درگیر فعالیت‌هایی می‌شد که با سیاست‌اش مغایرت داشت، کیفرخواست حزب کارگران سوسیالیست علیه اف‌بی‌آی منتفی می‌بود. این نگرانی، که محاکمه ممکن است این سابقه‌ی کاذب را افشا کند، حزب را فلج می‌کرد.

همان‌طور که محاکمه به منصه‌ی ظهور گذاشت، تهمت‌هایی که اف‌بی‌آی مدعی‌اش بود، راجع به توطئه‌چینی و اهداف مخفیانه، چیزی بجز فرافکنی محض نبود. معلوم شد که کاخ سفید و اف‌بی‌آی هستند که اهداف و روش‌های واقعی‌شان را مخفی نگاه می‌دارند، نه حزب کارگران سوسیالیست. معلوم شد که کاخ سفید و اف‌بی‌آی هستند که ساختار مخفیانه‌ای را ایجاد می‌کنند تا آنچه را نمی‌توانند علناً اعلان کنند عملاً انجام دهند، نه حزب کارگران سوسیالیست. معلوم شد که کاخ سفید و اف‌بی‌آی هستند که بر شیوه‌های عملکرد توطئه‌آمیز تکیه می‌کنند، تا پشت سر مردم ایالات متحده

---
[1] *mouchard*

به اهدافشان دست یابند، نه حزب کارگران سوسیالیست.

نیروهای سوسیال دموکرات در ایالات متحده قادر نبودند ابتکار عمل را همانند حزب کارگران سوسیالیست در دفاع از حقوق دموکراتیک در دست بگیرند. زیرا نقطه‌ی شروع آن‌ها از اینجاست که می‌خواهند استثمارشدگان را متقاعد کنند که منافع‌مشترکی با عناصر "دموکراتیکِ" حاکمان ایالات متحده دارند. چارچوب تفکر آن‌ها این است که این نیروهای منورالفکر را بر مسند قدرت و صدارت دولت سرمایه‌داری، از جمله دستگاه پلیس سیاسی‌اش، بنشانند. این سوسیالیست‌ها رد نمی‌کنند که روزی در پیشبرد وظایف مدیریتیِ دولت سرمایه‌داری مشارکت خواهند کرد، از جمله در پیشبرد امور پلیس سیاسی‌اش، همان‌طور که همتاهایشان در بسیاری از کشورِهای جهان چنین کرده‌اند. هنگامی که در چنین موقعیتی قرار گیرند، مدافعین متعهد دولت سرمایه‌داری می‌شوند.

حزب کمونیست نیز به دلایل سیاسی‌یی که به همان اندازه مهم هستند، نمی‌توانست چنین ابتکار عملی نظیر حزب کارگران سوسیالیست را در دست بگیرد. حزب کمونیست، مدت‌ها پیش، از نقطه‌ی بنیادینی کناره گرفت که نقطه‌ی شروع است؛ و آن عبارت است از تلاش برای پیشبرد مبارزه‌ی طبقه‌ی کارگرِ ایالات متحده به عنوان بخشی از طبقه‌ی کارگر جهانی و در راستای گام‌های ضروری تاریخی‌اش. بجای آن، حزب کمونیست نقطه‌ی شروع دیگری را جایگزین کرده بود؛ و آن عبارت بود از دفاع از منافع دیپلماتیک رژیم شوروی. به محض اینکه استالینیست‌ها در این مسیر قرار گرفتند، این اصل را که باید در خصوص اهداف سیاسی و سازمانی حقیقت را به طبقه‌ی کارگر گفت، زیر پا گذاشتند. در نتیجه، آن‌ها در مقابل پاپوش‌دوزی‌ها و کمپین‌های تفتیش و تعقیب و شایعه‌پراکنی‌های دولت ضربه‌پذیر شدند و برای مقابله با آن دست‌شان بسته بود.

عواقب ناشی از این خط‌سیر، مانع از آن شدند که حزب کمونیست رهبری مبارزه برای افشای پاپوش‌دوزی‌های سرمایه‌داری را، نظیر آنچه برای

روزنبرگ‌ها اتفاق افتاد، در دست بگیرد مانع از آن شد که حزب کمونیست بتواند رهبری مقابله‌ی سیاسی و قانونی علیه اف‌بی‌آی را در دست بگیرد؛ یعنی مبارزه‌ای مانند آنچه حزب کارگران سوسیالیست هدایت کرد: مبارزه‌ای که چنین نتایج مثبتی برای احقاق حقوق مردم ایالات متحده به‌بار آورد.

بسط حقوق سیاسی

در اوت ۱۹۸۶، قاضی گریسا نظرش را درباره‌ی پرونده‌ی حزب کارگران سوسیالیست اعلام کرد. رأی صادره یک پیروزی برای حقوق دموکراتیک است. این رأی، برای نخستین بار در حکم صادره در دادگاه، بسیاری از حقوق و آزادی‌هایی را که سال‌ها برایشان مبارزه شده است، مدون می‌کند. با محق دانستن این حقوق، صدور چنین حکمی بیش از پیش باعث تقویت آن حقوق و آزادی‌ها می‌شود و سلاح جدیدی را عرضه می‌دارد که دیگران می‌توانند در نبردهای آتی در شکایت علیه جاسوسی، اخلال و حرکت‌های ایذاییِ پلیس مخفی بکار برند.

اعلام رأی ۲۱۰ صفحه‌ای گریسا بر آزادی‌های اساسی، که مورد ادعای حزب کارگران سوسیالیست و سازمان اتحاد جوانان سوسیالیست است، مهر تأیید می‌زند. دادگاه چنین نتیجه گرفت که برنامه‌ی اخلالگرانه‌ی اف‌بی‌آی، ورود غیرقانونی و دزدکی به دفاتر حزب کارگران سوسیالیست و سازمان اتحادیه‌ی جوانان سوسیالیست در "عملیات توبره‌ی سیاه" و بکارگیری خبرچین‌های مخفی "ناقض حقوق اساسی حزب کارگران سوسیالیست و فاقد اقتدار قانونی یا نظارتی بوده است."

لئونارد بودین در وصف عواقب ناشی از این اعلام رأی چنین گفت: "این تصمیم، به مراتب فراتر از حزب کارگران سوسیالیست و سازمان اتحاد جوانان سوسیالیست تأثیر خواهد داشت؛ ادای سهمی در تثبیت قانون اساسی است و باعث می‌شود که حقوق تمامی افراد و سازمان‌های سیاسی فعال بسط یابد و مجدداً تضمین شود." این رأی، فضای فعالیت سیاسی و حریم خصوصی را برای همه در این کشور بسط می‌دهد. این رأی، تقویت‌کننده‌ی مصونیت خصوصی افراد و گروه‌هایی است که افراد به آن‌ها تعلق دارند؛ بر مبنای قانون اساسی و در

مقابل دخالت‌های نامشروع دولت.

رأی دادگاه در برگیرنده‌ی نکات ذیل است:

- حق اساسیِ برخورداری از حریم خصوصی شامل است بر حفاظت در مقابل نفوذ خبرچین‌های دولت در سازمان‌های سیاسی. رأی صادره واضح و صریح است: "استفاده‌ی اف‌بی‌آی از خبرچین‌ها به وضوح حریم خصوصی را شکسته است." دادگاه برمبنای سوابقی نظیر پیروزی در پرونده‌ی سازمان سراسری برای پیشرفت مردمان رنگین‌پوست علیه ایالت آلاباما، باز-تأیید کرد که علاوه بر افراد، بر مبنای قانون اساسی، "انجمن‌ها و سازمان‌ها نیز از حق حریم خصوصی برخوردارند."
- ورود مخفیانه‌ی اف‌بی‌آی به دفاتر حزب کارگران سوسیالیست، تحت لوای "امنیت ملی،" نقض حقوق این حزب طبق متمم چهارمِ قانون اساسی بوده که تجسس خودسرانه توسط مأمورین دولت را منع می‌کند. قاضی گریسا نوشت که این‌گونه سرقت‌ها "نقض حریم خصوصی به بدترین شکل ممکن بوده است. واژگانی که اف‌بی‌آی خودش بکار برده، 'عملیات توبره' و 'عملیات توبره‌ی سیاه'، نشانی از طبیعت این تجاوزات بی‌سر و صدا به محوطه‌ی اماکن خصوصی برای کسب اطلاعات خصوصی است."
- عملیات اف‌بی‌آی (کوینتل‌پرو) "به وضوح ناقض قانون اساسی بوده و طبق متمم اول قانون اساسی، که حق آزادی بیان و تشکل را تضمین می‌کند، حقوق حزب کارگران سوسیالیست را نقض کرده است. علاوه بر این، هیچ‌گونه اقتدار قانونی یا نظارتی‌یی برای اخلال در فعالیت‌های قانونی حزب کارگران سوسیالیست به اف‌بی‌آی تفویض نشده بود."
- قربانیان این‌گونه عملیات اف‌بی‌آی این حق را دارند که از دولت ادعای خسارت کنند. قاضی گریسا حکم کرد که مبالغی بدین شرح بابت خسارات وارده به حزب کارگران سوسیالیست پرداخت شود: ۱۲۵۰۰۰ دلار بابت نقض حریم خصوصی توسط خبرچین‌ها، ۹۶۰۰۰ دلار بابت نقض حریم خصوصی از طریق سرقت‌های اف‌بی‌آی و ۴۲۵۰۰ دلار بابت عملیات کوینتل‌پرو.

قاضی گریسا برای رسیدن به این نتایج مشخص، به مسایلی در خصوص قانون اساسی پرداخت که بسیار فراتر از این‌ها بود. وی این ادعا را رد کرد که آنچه صاحب‌منصبان کاخ سفید "قدرت ذاتی" رییس جمهور می‌نامند، آن‌ها را مجاز می‌کند که قانون اساسی را به نام "امنیت ملی" زیر پا بگذارد. وزارت دادگستری استدلال کرده بود که حزب کارگران سوسیالیست نمی‌تواند بابت عملیات اف‌بی‌آی ادعای خسارت کند، چون طبق یکی از پیش‌بینی‌های قانون فدرال، دولت از هرگونه شکایتی که در خصوص عملیات انجام شده در "صلاحدیدش" باشد مصون است، حتی اگر "سوءاستفاده‌ای در صلاحدیدِ مطروحه موجود باشد." اما، گریسا حکم کرد که دولت نمی‌تواند "صلاح بداند که برخلاف قانون اساسی رفتار کند."

این احکام را تصمیم دیگری که قاضی گرفت تقویت کرد. اینکه حزب کارگران سوسیالیست حق دارد حکمی را درخواست کند که مانع از آن شود که اف‌بی‌آی یا هر نهاد حکومتی دیگری بتوانند از پرونده‌هایی استفاده کنند که اطلاعات مربوطه را اف‌بی‌آی به شکل غیرقانونی بدست آورده است. (اکنون که این متن تحریر می‌شود، هنوز قاضی جزییات این حکم را اعلام نکرده است.)(۱۳) این اطلاعاتِ جمع‌آوری شده به طریق غیرقانونی، دارد برای قربانی کردن کسانی بکار می‌رود که یا اعضای کنونی حزب کارگران سوسیالیست و سازمان اتحاد جوانان سوسیالیست هستند، یا قبلا عضو بوده‌اند و یا از این سازمان‌ها حمایت یا به این سازمان‌ها ابراز علاقه کرده‌اند. این سوابق به منظور تبعیض علیه کسانی بکار می‌رود که تبعه نیستند و مایلند تبعه شوند، یا قصد اخذ کارت اقامت دایم دارند، یا برای ورود به این کشور درخواست ویزا می‌کنند. از این اطلاعات استفاده می‌شود برای آنکه از استخدام کارگران در کارخانه‌هایی که قراردادهای نظامی دارند جلوگیری کرده و در ارزیابی حراستی رد شوند و منجر به اقدامات ایذایی می‌شود، از ارتقای شغلی آن‌ها جلوگیری می‌شود و حتی به اخراجشان منجر می‌شود. از این اطلاعات استفاده می‌شود تا کارگرانِ شاغل در امور دولتی شناسایی شوند

و بالاخص مورد بازجویی قرار گیرند، یا بر اساس آن‌ها چنین افرادی نمی‌توانند در پُستخانه‌ها و سایر نهادهای فدرال استخدام شوند.

چه تعداد از این پرونده‌ها موجود است؟ اف‌بی‌آی به تنهایی تأیید کرده است که *ده میلیون صفحه* اطلاعات درباره‌ی حزب کارگران سوسیالیست و سازمان اتحاد جوانان سوسیالیست و افراد مرتبط با این سازمان‌ها جمع‌آوری کرده است.

همین که قاضی گریسا تصمیم بگیرد که حکم صادره چه محدوده‌ای از پرونده‌ها را در بر می‌گیرد، حکم کلی‌اش جاری خواهد شد و مرحله‌ی استیناف شروع می‌شود. هنگام استدلال‌های قانونی درباره‌ی شرایط این حکم پیشنهادی، وزارت دادگستری پیش‌درآمدی از استدلال‌های خود را مطرح کرد: استدلال‌هایی که دولت بکار خواهد برد تا کل حکم قاضی گریسا را ساقط کند. در اوراق دادگاه، صاحب‌منصبان وزارت دادگستری استدلال کردند که ممانعت از کاربرد پرونده‌های گردآوری شده درباره‌ی حزب کارگران سوسیالیست و سازمان اتحاد جوانان سوسیالیست موجب ریسک کردن در "مصالح حیاتی بقای خود کشور خواهد شد." وکلای ادوین میس[1]، دادستان کل، متوسل شدند به تصمیم دیوان عالی ایالات متحده در سال ۱۹۵۱ که محکومیت رهبران حزب کمونیست را بر مبنای قانون اسمیت این‌گونه تأیید کرد: "نظر دیوان عالی بر این است که دفاع از بقای خود 'والاترین ارزش هر جامعه‌ای است.'" آن‌ها استدلال می‌کنند که ضرورت حفاظت از این "والاترین ارزش" باعث می‌شد که بر مصونیت حقوق گروه‌ها و افراد، که در قانون اساسی تضمین شده است، خط بطلان کشیده شود. علاوه بر این‌ها، وزارت دادگستری پافشاری می‌کند که گرچه این یک واقعیت است که اف‌بی‌آی بعد از ده‌ها سال تحقیق نتوانسته مدرکی ارائه دهد که دال بر قانون‌شکنی حزب کارگران سوسیالیست باشد، اما این نه تفتیش‌ها را

[1] Attorney General Edwin Meese

غیرقانونی می‌کند و نه تکنیک‌های بکار رفته را، "اف‌بی‌آی مجاز بود و هنوز هم هست برای آنکه چنین تحقیقاتی را انجام دهد."(تأکید از ماست.)

• • •

طی تقریباً پنجاه سال از زمانی که دولت ایالات متحده، اف‌بی‌آی را عنان گسیخته در جنگی علیه حقوق سیاسی و آزادی‌های دموکراتیک رها کرده است، پیشقراولان جنبش طبقه ـ کارگری درس‌های گرانبهایی درباره‌ی اهمیت مبارزه برای حقوق دموکراتیک آموخته‌اند. عدم دفاع از حقوق دیگران، به دلیل اختلاف سیاسی، عواقب خود را به شکل دردناکی عیان ساخته است. نتایج منفی آن سیاست‌هایی که مبارزه برای حقوق دموکراتیک را فدای اهداف ظاهراً مهم‌تری می‌کند، به تلخی تجربه شده‌اند. اهمیت دستاوردهای مبارزات جنبش سیاهان و جنبش کارگری برای حق تشکل و دفاع از حریم خصوصیِ انجمن‌ها و سازمان‌ها را کارگران و کشاورزانِ سیاسی ـ آگاه ایالات متحده بهتر از دیگران فهمیده و ارج نهاده‌اند.

در جریان کیفرخواست علیه دولت، حزب کارگران سوسیالیست خود درک غنی‌تر و کامل‌تری از مبارزه‌اش برای تدوین حقوق خود و حقوق اعضا و حامیانش از طریق کسب حکم دادگاه بدست آورده است؛ حکمی که دیگران نیز از آن استفاده خواهند کرد. این حکم دادگاه، دستاوردی اصیل برای حقوق دموکراتیک مردم ایالات متحده است. در نبرد برای دفاع از این دستاوردها و در دفاع از آن‌ها در مقابل تلاش برای تضعیف حکم صادره و یا معکوس ساختن رأی صادره در دادگاه‌های فوقانی‌تر، همه باید مشارکت کنند؛ همه‌ی کسانی که چه در ایالات متحده و چه در سایر نقاط جهان درک می‌کنند که حکم صادره به مثابه وارد آوردن ضربه‌ای به پلیس مخفی ایالات متحده است و درک می‌کنند که یک پیروزی برای حقوق دموکراتیک در ایالات متحده دستاوردی برای زحمتکشان در همه جای دنیا خواهد بود.

جنگ امپریالیستی و طبقه‌ی کارگر

فارل دابز

در سال ۱۹۴۹، فارل دابز این پیش‌گفتار را بر سومین ویراست کتاب "محاکمه‌ی سوسیالیسم" اثر جیمز پی کانن نوشت. دفاعیات کانن مربوط به محاکمه‌ی رهبران حزب کارگران سوسیالیست و شعبه‌ی ۵۴۴ "کنگره‌ی سازمان‌های صنعتی" در دادگاه فدرال در سال ۱۹۴۱ است که در صفحات پیشین این کتاب در فصل "پاپوش‌دوزی در مینیاپولیس" تشریح شده است

کانن و دابز، هر دو جزو هیجده متهمی بودند که به زندان محکوم شدند و دوران زندانشان را در زندان فدرال سَند اِستون در شهر مینه‌سوتا گذراندند. آن‌ها، همراه با ده تن از متهمین، به شانزده ماه زندان محکوم شدند و حدود سیزده ماه از ۳۱ دسامبر ۱۹۴۳ تا ۲۴ ژانویه ۱۹۴۵ زندانی بودند. شش تن دیگر به یک سال زندان محکوم و ده ماه زندانی شدند.

پاپوش‌دوزی علیه هیجده تن، نخستین کاربرد قانون "خفقانی" اسمیت بود که رییس‌جمهور، فرانکلین روزولت، در ژوئن ۱۹۴۰ آن را با امضایش تصویب کرد. هدف از تصویب این قانونِ ارتجاعی، ساکت کردن طلایه‌داران مبارزه‌ـطبقاتی اتحادیه‌های کارگری و جنبش‌های گسترده‌تر طبقه‌ـکارگری بود؛ طلایه‌دارانی که داشتند مخالفت با تدارک واشنگتن برای خرکِش کردن کارگران و کشاورزان ایالات متحده به کشتار جنگ جهانی دوم را سازماندهی می‌کردند.

کانن یکی از رهبران بنیان‌گذار جنبش کمونیستی در ایالات متحده در سال ۱۹۱۹ و دبیر سراسری حزب کارگران سوسیالیست بود.

دابز یکی از رهبران مرکزی اعتصابات تیمسترها در مینیاپولیس در سال

۱۹۳۴ و یکی از سازماندهان کمپین برای متشکل کردن رانندگان کامیون‌های بین‌شهری در بخش عمده‌ای از "غرب‌میانی" ایالات متحده از سال ۱۹۳۷ تا ۱۹۴۰ بود. آن نبردها باعث دگردیسی اتحادیه تیمسترها شد، کمک کرد تا راه برای ایجاد تشکیلات اتحادیه‌های صنعتی در سراسر کشور هموار شود و مسیر اقدامات مستقل سیاسی طبقه‌ـکارگری را نشان داد.

دابز از سال ۱۹۴۰ مسئولیت‌هایی را در رهبری مرکزی حزب کارگران سوسیالیست بر دوش گرفت. این‌ها عبارت بودند از دبیر سراسری اتحادیه‌ای، دبیر سراسری تشکیلات، سردبیر نشریه میلیتانت و از سال ۱۹۵۳ تا ۱۹۷۲ دبیر سراسری حزب بود. او بین سال‌های ۱۹۴۸ تا ۱۹۶۰، چهار بار کاندید ریاست جمهوری حزب کارگران سوسیالیست ایالات متحده بود.

هنگامی که دابز داشت این مقدمه را برای "محاکمه‌ی سوسیالیسم" آماده می‌کرد، همزمان در نشریه‌ی میلیتانت محاکمه‌ی دیگری را هر هفته پوشش خبری می‌داد؛ دومین محاکمه‌ی بزرگی که بر مبنای قانون اسمیت صورت گرفت ـ محکومیت یازده تن از رهبران حزب کمونیست در دادگاه فدرال واقع در میدان فولی در شهر نیویورک. همه‌ی متهمین محکوم شدند و حکم صادره برای ده تن از آن‌ها حداکثر مجازات بود، پنج سال زندان.

مقدمه‌ی دابز باعث روشنگری سیاسی مسایل اساسی‌یی می‌شود که در مقاله‌ی "پنجاه سال عملیات مخفی در ایالات متحده: پلیس سیاسی واشنگتن و طبقه‌ی کارگر آمریکا" به آن‌ها پرداخته شده است.

• • •

محاکمه‌ی سوسیالیسم دفاعیه‌ی بی‌کم و کاست جیمز پی کانن، دبیر سراسری حزب کارگران سوسیالیست، در محاکمه‌ی هیجده تروتسکیست در دادگاه مینیاپولیس در سال ۱۹۴۱ است؛ محاکمه‌ای که بر مبنای قانون افکار-کنترل اسمیت انجام شد. حقایق چشمگیر درباره‌ی ارتباط محاکمه و

محکومیت، در مقدمه‌ی جوزف هنسن بر ویراست دوم آن کتاب درج شده است.(۱)

با توجه به پرداختن به طیف کاملی از مارکسیسم، دفاعیات رفیق کانن در آن محاکمه‌ی مشهور، به ساده‌ترین و بهترین مدخل برای درک مسایل عمده‌ی پروگرام و تاکتیک انقلابی سوسیالیستی تبدیل شده است. این کتاب، محبوب‌ترین جزوه‌ایست که تاکنون جنبش ما منتشر کرده است. دو ویراست از کتاب *محاکمه‌ی سوسیالیسم* با تیراژ بالا تاکنون تا آخرین نسخه فروش رفته است.

تجدید چاپ این دفاعیاتِ دادگاه مینیاپولیس به مناسبت دیگری هم به موقع است؛ چون همزمان با شروع چاپ ویراست سوم، یازده تن از رهبران حزب کمونیست استالینیست در دادگاه فدرال نیویورک دارند محاکمه می‌شوند. این پیگرد کیفری جدید، نمودار قابل توجهی از پیش‌بینی رفیق کانن در دادگاه مینیاپولیس است که می‌گفت تهاجم علیه آزادی‌های مدنی که با پیگرد کیفری تروتسکیست‌ها آغاز شد، بعدها سایر سازمان‌ها را نشانه خواهد رفت.

استالینیست‌ها، در پیگرد کیفری هیجده تروتسکیست، از دولت حمایت کردند و از محکومیت و زندانی شدنشان استقبال کردند. اما، این رفتار خائنانه، برای موقعی که نوبت خودشان رسید، مصونیتی برایشان ایجاد نکرد. حتی آن‌ها را از پیدایش این وضعیت واقعاً ناجور نجات نداد. چون پیگرد کیفری علیه آن‌ها بر پایه‌ی قانون اسمیت بنا شده بود. دقیقاً همان قانونی که بر پایه‌اش تروتسکسیست‌ها در مینیاپولیس محاکمه و مجازات شدند.(۲)

هدف واقعی حکومت سرمایه‌داری در پیگردهای کیفری افکار–کنترل، غیرقانونی کردن مارکسیسم است. به همین دلیل بسیار مهم است بدانیم که مارکسیسم حقیقی دقیقاً چیست. اما، این شناخت را نمی‌توان از طریق استالینیست‌ها دریافت کرد؛ چون آن‌ها پروگرام مارکسیستی را به طرق مختلف پیچانده، تحریف کرده، منحرف ساخته و به آن خیانت کرده‌اند.

مارکسیسم از این حق برخوردار است که نمایندگان اصیل‌اش مدافعین‌اش باشند.

تحت چنین شرایطی، انتشار این ویراستِ *محاکمه‌ی سوسیالیسم* نیاز مبرمی را برآورده می‌کند. در این کتب، مارکسیسم واقعی تشریح شده است، با بیانی رسا و ساده.

بالاخص مایلم توجه خواننده را به نکات مطرح شده درباره‌ی جنگ و دموکراسی جلب کنم. در صفحات کتاب، می‌توانیم پاسخ رفیق کانن را به این مسایل حیاتی، موقعی که وکیل مدافع مستقیماً از او بازپرسی می‌کرد، بیابیم. او توضیح داد که جنگ‌های امپریالیستی برای تسخیر بازارهای جدید، منابع مواد خام و زمینه‌های سرمایه‌گذاری، تا زمانی که سرمایه‌داری هنوز پابرجاست، غیر قابل اجتناب هستند. و مخالفت حزب کارگران سوسیالیست با تک‌تک و همه‌ی جنگ‌های امپریالیستی تغییر ناپذیراست.

رفیق کانن گفت که "این قطعاً صحیح است که هیتلر می‌خواهد دنیا را تحت سلطه‌ی خود درآورد. اما، به نظر ما، گروه حاکمِ سرمایه‌داران آمریکایی نیز همین ایده را دارد و ما طرفدار هیچ‌کدامشان نیستیم."

"ما فکر نمی‌کنیم که 'شصت خانواری' که مالک آمریکا هستند، می‌خواهند این جنگ را برای یک نوعی از اصل مقدس دموکراسی راه بیندازند. ما فکر می‌کنیم که آن‌ها بزرگ‌ترین دشمن دموکراسی در همین کشورِ هستند. ما فکر می‌کنیم که آن‌ها از فرصت جنگ فقط برای نابودی آزادی‌های مدنی در داخل کشور استفاده خواهند کرد و به بهترین وجه ممکن تا جایی که بتوانند از فاشیسم تقلید خواهند کرد."(۳)

این حرف‌های ارزشمند، چندین سال پیش از این گفته شده‌اند، در آستانه‌ی ورود رسمی حکومت ایالات متحده به جنگ جهانی دوم. (هیجده متهمِ محاکمه‌ی مینیاپولیس در ۸ دسامبر ۱۹۴۱، در همان ساعت که کنگره داشت اعلام جنگ می‌کرد، روانه‌ی زندان شدند.) این کلمات بیانگر پیش‌بینی دقیقی هستند از کمپین فعلی برای پایمال کردن حقوق مدنی در این کشور،

در مسیر تدارک جنگی جدید برای فتح جهان.

دادستان ویژه، که بعداً منصب قضاوت فدرال را پاداش گرفت، سعی کرد این پیش بینی‌ها را در بازپرسی رد کند. در نتیجه‌ی برخورد متقابلی که صورت گرفت، اهداف جنگی امپریالیسم آمریکا و نتایج فجیع‌اش برای زحمتکشان دقیقاً روشن شد. برای مثال، به این نقل قول‌ها گوش کنید.

رفیق کانن پیش‌بینی کرد که "همین‌که بتوانند با به اصطلاح مستمسک‌های میهن‌پرستی کارگران را از حق اعتصاب محروم کنند، آن‌گاه سرمایه‌داران شروع خواهند کرد به چلاندن دستمزدها و دست رد زدن به هرگونه امتیازی." سخنی راست‌تر از این هرگز بیان نشده است، چون امروز هر کارگری می‌داند که چگونه در دوران جنگ، دستمزدها ثابت نگه داشته شده، حال آنکه هزینه‌های زندگی به شدت در حال افزایش بود.

او ادامه داد که "آنچه بعد از آن احتمالاً در افق ظاهر خواهد شد، تلاش این 'شصت خانوار' و حامیانشان برای جلوگیری از محبوبیت یافتنِ عقایدی است که برای سرمایه‌داران زیان‌آور است و تلاش آن‌ها برای مهار کردن سازمان‌های کارگری از طریق وضع قوانین محدود کننده."(۴)

در سال ۱۹۴۱، هنگامی که این‌ها پیش‌بینی‌شد، سرمایه‌داران داشتند همه جا را با تبلیغاتشان به نفع جنگ مقدس در دفاع از "چهار آزادی" پر می‌کردند. هشدار رفیق کانن مثل فریادی در بیابان برهوت بود. حال آنکه او فقط در یک مورد موفق نشد پیش‌بینی درستی انجام دهد و آن این بود که چه نامی برای قانون ضد ـ کارگری فدرال انتخاب خواهد شد ـ قانون تفت‌ـهارتلی.(۵)

پیش‌بینی او درباره‌ی افزایش حملات بر آزادی اندیشه، بارها و بارها تأیید شده است. دولت ترومن[1] حکم هیتلرـگونه‌ای را صادر کرده که به موجب آن سازمان‌هایی که دولت ادعا می‌کند "خرابکار" هستند، نامشان در یک لیست

1 Truman

سیاه ثبت شده است.(۶) خواسته‌ی حزب کارگران سوسیالیست و سایر سازمان‌هایی که به آن‌ها انگ زده شده را، مبنی بر اینکه یک گفت و شنود کامل و علنی درباره‌ی کلیه‌ی اتهامات وارده برگزار شود، وزارت دادگستری نادیده گرفته است.

جیمز کوچر[1]، یک کهنه‌سربازی که پایش را در جنگ از دست داده، از شغل منشی‌گری‌اش در "اداره کهنه‌سربازان،" بر مبنای همان لیست سیاه، اخراج شده است.(۷) اخراج‌های بدشگون اساتید از دانشگاه واشنگتن در جهت کنترل اندیشه‌ها آغاز شده است. حقوق مدنی در جبهه‌های متعددی تحت حمله است، از جمله همین محاکمه‌ی استالینیست‌ها که از همان نوع شکار جادوگران است.

رفیق کانن گفت که "تمامی این شصت تا صد میلیارد دلاری که دارند برای مخارج جنگ تلف می‌کنند، باید توسط یک کسی پرداخت شود. آن‌ها سعی خواهند کرد که پرداخت هزینه‌اش را به گردن توده‌ها و کشاورزان فقیر بیندازند." تنها چیزی که در اینجا باید به آن اضافه شود، آمار اخیر درباره‌ی مقادیر حیرت‌انگیز تخصیص داده شده برای جنگ است. بدهی ملی به مجموع خارق‌العاده‌ی ۲۶۰ میلیارد دلار بالغ شده و میلیاردها دلار دیگر از ثروت ملی همچنان به شکم ماشین جنگی ریخته می‌شود. ثروتمندان سود بی‌سابقه‌ای از تولید جنگی به جیب می‌زنند، در حالی که کارگران و کشاورزانِ زحمتکش از طریق مالیات‌های سنگین و قیمت‌های سرِ گردنه دارند هزینه‌اش را می‌پردازند.

او در خاتمه گفت که "خواسته‌های مردمی که در این کشور آزادی و حق زندگی کردن می‌خواهند و خواستار مفری از این دیوانه‌خانه‌ی جنگ و بیکاری و فاشیسم رو به خیزش هستند، افزایش خواهد یافت."

موج گسترده‌ی اعتصابات بعد از جنگ، تأیید اولیه‌ی پیش‌بینی او در این

---

1 James Kutcher

مورد بود که توده‌ها علیه تهاجم سرمایه‌داری بر استاندارد زندگی‌شان طغیان خواهند کرد. شکست جمهوری‌خواهان در انتخابات ۱۹۴۹ ـ که برای همه‌ی کارشناسان سیاسی و پیشگویان غیرمنتظره بود ـ عمدتاً ناشی از قیام کارگران علیه قانون تفت‌ـ‌هارتلی بود. حمایت کارگران از ترومن به عنوان "شر کمتر" به هیچ‌وجه دال بر رأی اعتماد به دولت او نبود. این دو اعتراض در دوران بعد از جنگ، یکی در عرصه‌ی اقتصادی و دیگری در عرصه‌ی سیاسی، به همین زودی بیانگر پیش‌درآمدی بر پیش‌بینی رفیق کانن در مورد خیزش عظیم "مردمی" است "که می‌خواهند آزاد باشند و برخوردار از حق زندگی."(۸)

این پیش‌بینی‌های ارزشمند در سال ۱۹۴۱ درباره‌ی اتفاقاتی که در شرف تکوین است، گواه گویایی است بر اعتبار روش و پروگرام مارکسیستی که رفیق کانن آن را توضیح داده است. من توجه دقیق خواننده را به دفاعیات او توصیه می‌کنم.

نیویورک

۸ فوریه ۱۹۴۹

یادداشت‌ها

پنجاه سال عملیات مخفی در ایالات متحده

۱ـ صفحه‌ی ٤٤ فارل دابز، *سیاست تیمسترها* (نیویورک : انتشارات پاث‌فایندر، سال ۱۹۷۵). ص ۲۵ [چاپ ۲۰۱۳].
Teamster Politics، Farrel Dobbs (New York: Patfinder، 1975، p.25، 2013 printing)

۲ـ صفحه‌ی ٦١ نقل از کتاب *مسأله‌ی آشوب*، چارلز واشبُرن، انتشارات دانشگاه آکسفُرد، ۱۹۸۶، ص ۹۰. این کتاب یکی از مبسوط‌ترین منابعِ مستندسازیِ عملیات ایذایی دولت ایالات متحده علیه *مطبوعات سیاهان* طی جنگ جهانی دوم است.
Recounted in: *A Question of Sedition*، Charles Washburn (New York: Oxford University Press، 1986), p. 90

۳ـ صفحه‌ی ٦٣ بخش مهمی از روایات مبارزه علیه نژادپرستی و خفقان سیاسی در دوران جنگ جهانی دوم در کتاب *مبارزه علیه نژادپرستی در جنگ جهانی دوم*، انتشارات پاث‌فایندر، منتشر شده که مجموعه‌ی مقالات درج شده در *میلیتانت* در آن دوران است.
Fighting Racism in World War II، articles from the *Militant*

۴ـ صفحه‌ی ۷۱ فرانسیس بیدل، *اقتدار گذرا* (گاردن سیتی، نیویورک، دابل‌دی و شرکا، ۱۹۶۲). بیدل از اینکه از نصب ابزار استراق سمع دفاع کند شرمگین نبود. وی هنگامی که در سپتامبر ۱۹۴۱ در جایگاه شهود در کمیته‌ی

قضایی مجلس سنا ایستاده بود، درباره‌ی نصب ابزار استراق سمع علیه بریجس[1] چنین گفت: "البته که کار کثیفی است، اما... ما قبلاً هم حقوق مدنی را در هنگام جنگ زیر پا گذاشته‌ایم."

In Brief Authority، Francis Briddle (Garden City، NY: Doubleday & Co.، 1962)

۵ـ صفحه‌ی ۷۷ متن کامل دفاعیات کانن در کتاب *محاکمه‌ی سوسیالیسم*، انتشارات پاث‌فایندر، آمده است. نشر طلایه پرسو ترجمه‌ی فارسی ویراست جدید آن را در دو جلد در سال ۱۳۸۴ منتشر کرده است.

۶ـ صفحه‌ی ۷۹ نقل از مقاله‌ی "بازداشتگاه‌های جمعی آمریکا" به قلم پتی لیاما، نشریه‌ی *اینترنشنال سوشالیست ریویو*، شماره آوریل ۱۹۷۳، ص ۲۸.

"American Concentration Camps"، Patti Iiyama، *International Socialist Review* (April 1973), p. 28.

۷ـ صفحه‌ی ۸۲ بیش از بیست و پنج سال پیش از این، زمانی که این مقاله نوشته شد، منطقی بود که فرض شود جنبش کارگری، در قیاس با امروز، دانش بیشتری نسبت به سوابق استالینیسم جهانی داشته باشد.

واقعیت این است که از حدود نیمه‌ی دوم دهه‌ی ۱۹۲۰ به بعد، منافعی که حکومت شوروی پیش می‌برد و از آن دفاع می‌کرد، دیگر منافع طبقه‌ی کارگر نبودند، خواه در اتحاد جماهیر سوسیالیستی شوروی باشد، یا در هر کشور دیگری در سراسر جهان. در سال‌های آغازین انترناسیونال کمونیست، تحت رهبری وی‌آی لنین، آن منافع *بر روی هم منطبق شده بودند*. نه به خاطر آنکه بلشویک‌ها سیاست‌هایشان را بر سایر احزاب کمونیست تحمیل می‌کردند، بلکه به خاطر آنکه همه‌ی آن‌ها یک پروگرام و خط‌مشی انترناسیونالیستی پرولتریِ مشترکی را ـ گرچه توأم با برخی لغزش‌های سیاسی و سازمانی ـ سرمشق خودشان قرار داده بودند.

اما، مدت‌ها قبل از آنکه دوران مورد بحث در این مقاله فرا برسد، سیاست‌های

---

1 Bridges

مسکو دیگر بر این مبنا تعیین نمی‌شد که برای پیشبرد مبارزه‌ی انقلابی کارگران، برای کسب قدرت سیاسی در هرجایی از دنیا، بهترین راه چیست. بجای آن، عملکرد رژیم استالین بر این مبنا شکل می‌گرفت که چگونه منافع مادی و قدرت یک قشر اجتماعی در اتحاد شوروی پیش برده شود، قشری که دیوانسالاری دولت و حزب را زیر سلطه‌ی خود گرفته بود.

این اقشار صاحب امتیاز اجتماعی، یک ضدانقلاب سیاسی را علیه خط‌مشی انترناسیونالیستی پرولتری لنین تثبیت کرده بودند و چرخش‌های زیگ زاگی می‌زدند.استالینیسم برای آنکه نتایج فاجعه‌آمیز حاصل از "زاگِ" خود در اواسط دهه‌ی ۱۹۲۰ به سمت راست و در جهت سازش طبقاتی را لاپوشانی کنند ـ از چین، تا انگلستان، تا خود مناطق روستایی اتحاد شوروی ـ از سال ۱۹۲۸ تا اواسط دهه‌ی ۱۹۳۰ یک "زیگِ" ماورای چپ را به راه انداختند.

آن‌ها تحت تأثیر بحران بین‌المللی سرمایه‌داری اعلام کردند که مبارزه‌ی طبقاتی در سطح جهانی وارد "دوره‌ی سوم رادیکالیزاسیونِ" کارگران شهر و روستا شده است که فروکش نخواهد کرد. دیگر نمی‌شود راجع به اقدامات جبهه‌ی واحد با سازمان‌های سوسیال دموکرات (که آن‌موقع برچست "سوسیال فاشیست" به آن زده بودند) صحبتی به میان آورد؛ اکنون دیگر کمونیست‌ها باید اتحادیه‌های "سرخ" خودشان را تشکیل می‌دادند و به مبارزه برای دگردیس ساختن اتحادیه‌های موجود و تبدیل آن‌ها به ابزار مبارزه‌ی انقلابی، باید پشت می‌کردند؛ و اعلام شد که اشتراکی‌سازی با اعمال زور در اتحاد شوروی، تنها راه پیشرفت تولید کشاورزی و مبارزه با اقشار استثمارگر در آن کشور است.

نتایج مصیبت‌بار آن ماجراجویی سبعانه و بوروکراتیک، خود به "زاگ" دیگری منجر شد که اولین و مهمترین حاصل‌اش پیروزی فاشیسم در آلمان در سال ۱۹۳۳ بود؛ این نیز بیش از هرچیز حاصل خط‌مشی استالینیستی بود که مانع از مقاومت متحد احزاب کمونیست و سوسیال‌دموکرات می‌شد. از سال ۱۹۳۵ به بعد، رهبری حزب کمونیست فشار وارد آورد تا "جبهه‌ی مردمی" با احزاب سرمایه‌داری و حکومت‌های "امپریالیسم دموکراتیک" در سراسر جهان تشکیل شود. چند سال بعد ـ از زمان پیمان استالین-هیتلر در اوت ۱۹۳۹، تا اشغال اتحاد شوروی توسط امپریالیسم آلمان در ژوئن ۱۹۴۱ ـ به احزاب استالینیست و اعضای صف آن‌ها دستور داده شد که "زیگ" دیگری به چپ بزنند.

این تغییر محورهای ناگهانی در سیاست‌های دیپلماتیک و سیاسی و نظامی

مسکو ـ و توسعه‌ی ماشین مرگبار بین‌المللی‌اش برای مهر باطل زدن به مخالفت طبقه‌کارگری با آن ـ نه تنها لقب "جلاد انقلاب" را برای استالین کسب کرد، بلکه دفاع از اتحاد شوروی و فتوحات کارگران و دهقانان را در آنجا و سراسر جهان جداً به خطر انداخت.

۸- صفحه‌ی ۱۰۵ اظهار نظر بلاس روکا در سال ۱۹۳۹، راجع به انتخاب گزینه‌ی "اتخاذ موضع مثبت" نسبت به باتیستا، در جزوه‌ی *اتحاد بر فاشیسم پیروز خواهد شد* *La unidad vencerá al fascismo* منتشر گردید (هاوانا، ادیسیونس سوسیالس، سال ۱۹۳۹) ص ۴۸. تأیید او بر اظهار نظر سفیر ایالات متحده، سامر وِلس، Sumner Welles که ادعا کرده بود "عصر امپریالیسم به سر رسیده" در جزوه‌ی روکا با عنوان *اصول سوسیالیسم در کوبا* قابل دستیابی است، (هاوانا: ادیتوریال پاژیناس، سال ۱۹۴۳) ص ۲۰. اظهار نظرات روکا درباره‌ی سازش طبقاتی که در اینجا نقل قول شد، در جزوه‌ی *همکاری بین کارگران و کارفرمایان* *La colaboracion entre obreros y patronos* قابل دسترسی است. همچنین نگا هیو توماس، *کوبا، در جستجوی آزادی،* Hugh Thomas, *Cuba, or the Pursuit of Freedom* (نیویورک: دا کاپو پرس، سال ۱۹۹۸)، ص ۷۳۴. همچنین نگا کاس کارول، *چریک‌ها در قدرت،* *Guerrillas in Power,* K.S. Karol (لندن: جاناتون کیپ، سال ۱۹۷۱)، ص ۸۳-۸۷.

۹- صفحه‌ی ۱۰٦ ترجمه‌ی انگلیسی مصاحبه با بورخه Borge در شماره‌ی ۱۴ نوامبر ۱۹۸۶ هفته نامه‌ی *میلیتانت* منتشر شد. آن مصاحبه نخستین‌بار در شماره‌ی مه ۱۹۸۶ نشریه *کرایسس* *Crisis* در بوئنیس آیرس منتشر شده بود.

۱۰- صفحه‌ی ۱۱۷ در سپتامبر ۲۰۰۸، بیست و یک سال بعد از آنکه این مقاله منتشر شده بود، مورتون سوبل، Morton Sobell به خبرنگار روزنامه‌ی نیویورک تایمز، سام رابرتز Sam Roberts، گفت که او و جولیس رُزنبرگ در دهه‌ی ۱۹۴۰ برای اتحاد شوروی جاسوسی می‌کردند. چند روز بعد، دو پسر رزنبرگ ـ رابرت و مایکل میروپل Robert and Michael Meeropol ـ گفتند که آن‌ها نیز اکنون متقاعد شده‌اند که پدرشان جاسوس بود. رابرت گفت که "مدت‌ها بود که من

آن را یک احتمال واقعی می‌دانستم و این [اظهاریه‌ی سوبل] آن کفه‌ی ترازو را سنگین‌تر کرده است."

دو سال بعد، والتر و مریم اشنایر Walter and Mariam Schneir، مؤلفین کتاب *دعوت به یک تحقیق* *Invitation to an Inquest* که استدلال می‌کرد رُزنبرگ‌ها جاسوسی نکرده‌اند، کتاب دومی را با عنوان *رأی نهایی: آنچه واقعاً در مورد رُزنبرگ‌ها رخ داد* *Final Verdict: What Really Happened in the Rosenberg Case* منتشر کردند. آن‌ها در این کتاب نتیجه‌گیری خود را اظهار کردند، اینکه جولیس رُزنبرگ در سال ۱۹۴۱ شروع به جاسوسی برای اتحاد شوروی کرده و سرشاخه‌ی یک گروه هشت نفری شده بود.

هیچ‌یک از این‌ها باعث نمی‌شود بوی گند جعل مدارک و شواهد و همدستی میان قاضی و دادستان‌های فدرال که وجه مشخصه‌ی آن پاپوش‌دوزی بودند، از میان برود. باعث تبرئه‌ی واشنگتن هم نمی‌شود که آن تصمیم نامعقول را گرفت و رُزنبرگ‌ها را بعد از آنکه حاضر نشدند در ازای تخفیف به "گناه" خود اعتراف کنند، اعدام کرد.

این واقعیت هنوز پا برجاست که تنها اتهام وارده علیه رُزنبرگ‌ها "توطئه" بود و هیچ مدرکی که دال بر فعالیت جاسوسی باشد، ارائه نشد. به منصه ظهور گذاشتن یک فعالیت مشخص برای هیأت منصفه، به مراتب سخت‌تر از طرح یک اتهام "توطئه" است.

۱۱- صفحه‌ی ۱۱۸ مایکل و رابرت میروپل، *ما پسران تو هستیم* *We Are Your Sons* (بوستن: هوتن میفلین Boston: Houghton Mifflin، سال ۱۹۷۵).

۱۲- صفحه‌ی ۱۳۶ در مارس ۱۹۷۶، وزارت دادگستری "رهنمودهایی" را برای فعالیت‌های "ضد جاسوسی" اف‌بی‌آی اعلام کرد. با این اصلاحِ بزک کرده، حکومت سعی کرد چنین وانمود کند که بر اف‌بی‌آی مهار زده است و دیگر نخواهد گذاشت به حقوق دموکراتیک تجاوز کند و نظیر کارهایی که در کیفرخواست حزب کارگران سوسیالیست و سایر افشاگری‌های بعد از واترگیت برملا شده است، دیگر تکرار نخواهد شد؛ بدون اینکه قدرت اف‌بی‌آی به هیچ شکل هدفمندی محدود شده باشد.

۱۳- صفحه‌ی ۱۴۹ در ۲۰ اوت ۱۹۸۷، قاضی گریسا با صدور حکمی قدغن کرد که اف‌بی‌آی و سایر ادارات دولتی اطلاعاتی را علیه حزب کارگران سوسیالیست و سازمان اتحاد جوانان سوسیالیست بکار ببرند که با روش‌های غیرقانونی جمع‌آوری شده‌اند. او سپس شرط دیگری به حکم خود اضافه و تصریح کرد که اسامی اعضای حزب کارگران سوسیالیست و سازمان اتحاد جوانان سوسیالیست که دولت در اختیار دارد، الزاماً باید به روش غیرقانونی جمع‌آوری شده باشند، زیرا هیچ‌یک از این سازمان‌ها خودشان چنین اطلاعاتی را در اختیار عموم قرار نمی‌دهند.

گریسا در تصمیم‌گیری‌اش در سال ۱۹۸۶، حکم‌اش درباره‌ی غیرقانونی بودن خبرچینان اف‌بی‌آی را فقط برای سال‌های ۱۹۷۴-۱۹۷۶ محدود کرده بود، چون برای جبران صدمات وارده یک محدوده زمانی دو ساله را تعیین کرده بود.

حال آنکه گریسا، در حکم نهایی‌اش، حکم اولیه‌اش را بسط داد و اعلام داشت که "دادگاه این یافته را اعلام می‌دارد که فعالیت‌های خبرچینی در کل دوران ۱۹۶۰ تا ۱۹۷۶ مغایر با قانون اساسی بوده است."

دادستان کل، ادوین میس، استدلال کرده بود که حتی اگر قرار باشد حکمی جاری شود، سازمان‌های پلیسی فدرال الزاماً باید از حق استفاده از اطلاعات جمع‌آوری شده در پرونده‌های مهر و موم شده را در شرایط "اضطراری" داشته باشند؛ یا از طریق اخذ یک حکم، که استثنا قایل شود، از یک قاضی فدرال در هر نقطه‌ای از کشور؛ یا، در صورت وجود شرایط فوق اضطراری، از طریق استفاده از اطلاعات و مطلع کردن دادگاه بعد از انجام کار. قاضی این ادعا را رد کرد و اعلام داشت که "هیچ دلیلی نشان داده نشده که به دولت اجازه دهد تا از حکم صادره به شکل 'اضطراری' با صلاحدید خودش تخطی کند."

حکم صادره پیروزی عمده‌ای برای حقوق دموکراتیک است.

جنگ امپریالیستی و طبقه‌ی کارگر

۱- صفحه‌ی ۱۵۵ مقدمه‌ی هنسن را، که در سال ۱۹۴۴ نوشته شده بود، انتشارات پاث‌فایندر در ششمین ویراست کتاب *محاکمه‌ی سوسیالیسم* در اوایل سال ۲۰۱۴ به زبان‌های انگلیسی و اسپانیایی منتشر کرد. شماره‌ی صفحات ارجاعات دابز به دفاعیات کانن تغییر داده شده‌اند، تا با آن ویراست جدید همخوانی

داشته باشند. [نشر طلایه پرسو ویراست جدید کتاب *محاکمه‌ی سوسیالیسم* را در دو جلد در سال ۱۳۹۴ منتشر کرده است.م.]

۲- صفحه‌ی ۱۵۵ حمایت رهبری حزب کمونیست از پیگرد قانونی علیه هیجده تنِ از رهبران حزب کارگران سوسیالیست و رهبران شعبه‌ی ۵۴۴ کنگره‌ی سازمان‌های صنعتی در قسمت‌های پیشین همین کتاب بحث شده است، نگا صص ۲۴-۲۵ و ۸۱-۱۰۹. کیفرخواست بر پایه‌ی قانون اسمیت علیه رهبران حزب کمونیست در صفحات ۱۱۴-۱۱۷ این کتاب آمده است. همچنین نگا "'صدمه به یکی صدمه به همه است'- خط‌مشی‌ای که حایز ارزش حمایت در جنبش کارگری است،" نوشته استیو کلارک، مجله‌ی *نیو اینترنشنال*، شماره‌ی ۱۴، صص ۲۸-۲۲۳.
"An Injury to One Is an Injury to All' – A Course Worth Defending in the Labor Movement" by Steve Clark، *New International* no. 14، pp. 223-28.

۳- صفحه‌ی ۱۵٦ "محاکمه‌ی سوسیالیسم" صص ۱۵۶.

۴- صفحه‌ی ۱۵۷ "محاکمه‌ی سوسیالیسم" صص ۱۵۷ .

۵- صفحه‌ی ۱۵۷ قانون تفت-هارتلی، Taft-Hartley به اجرا گذاشته شده در سال ۱۹۴۷، قدرت گسترده‌ای به دولت فدرال می‌دهد تا در امور جنبش اتحادیه‌ای دخالت و اخلال ایجاد کند. "قانون کار-بردگی"، آن‌گونه که اتحادیه‌گرایان آن را نامیدند، امکان صدور حکم دادگاه برای اعتصاب شکنی را فراهم کرد، توانمندی کارفرمایان و فرمانداران ایالات برای محدود ساختن عضویت در اتحادیه‌ها را افزایش داد، دست از کار کشیدن شاغلان مشاغل دولتی را غیرقانونی کرد، تحریم دست دوم در مشاجرات اتحادیه‌ای را مانع شد، ایجاب کرد که صاحب‌منصبان اتحادیه‌های کارگری با ادای سوگندشان "تعهد" ضدکمونیستی بدهند و به ادارات دولت فدرال اجازه داد با زور به دفاتر ثبت فعالیت‌ها و امور مالی اتحادیه‌های کارگری دسترسی پیدا کنند.

۶- صفحه‌ی ۱۵۸ "فهرست دادستان کل از سازمان‌های خرابکار" را دولت ترومن در اواخر سال ۱۹۴۷ اعلام کرد. پیش از آنکه آن فهرست در سال ۱۹۷۴ بر

اثر فشارهای گوناگون باطل شود؛ از جمله فشارهای ناشی از مبارزه برای حقوق سیاهان، جنبش ضد جنگ ویتنام و سایر مبارزات اجتماعی و سیاسی در جهت منافع طبقه‌ی کارگر؛ این فهرست بسیار گسترده شده بود و تقریباً ۳۰۰ سازمان را شامل می‌شد. نام حزب کارگران سوسیالیست از ابتدا جزو این فهرست بود.

۷- صفحه‌ی ۱۵۸ جیمز کوچر (۱۹۱۲-۱۹۸۹) که هر دو پایش را در جنگ جهانی دوم از دست داده بود، در سال ۱۹۴۸ از شغل‌اش که کارمند دولت فدرال بود، اخراج شد. علت‌اش را عضویت او در حزب کارگران سوسیالیست اعلام کردند که "خرابکار" اعلام شده بود. این حمله به یک نبرد دفاعی هشت ساله منجر شد که حمایت هزاران اتحادیه‌گرا، سازمان‌های حقوق سیاهان و سایر حامیان حقوق سیاسی را به خود جلب کرد. کوچر در سال ۱۹۵۶ در پس گرفتن شغل‌اش پیروز شد.

۸- صفحه‌ی ۱۵۹ سه نقل قول آورده شده از کتاب "محاکمه‌ی سوسیالیسم" ص ۱۴۲ است.

فهرست اعلام و موضوعات

نشر طلایه پُرسو منتشر کرده است:

◈ **مبارزه‌ی طبقاتی و نبرد برای حقوق سیاهان**
آنچه کارگران در ایالات متحده از بلشویک‌ها آموختند
اثر: جک بارنز   مترجم: افشین صدرایی   ۱۲۸ صفحه

◈ **محاکمه‌ی سوسیالیسم (جلد اول)**
شهادت در دادگاه ایالات متحده علیه اتهام شورش
اثر: جیمز پی کانن   مترجم: مسعود صابری   ۲۴۰ صفحه

◈ **محاکمه‌ی سوسیالیسم (جلد دوم)**
سیاست دفاعی متهمین در دادگاه فدرال ایالات متحده
اثر: جیمز پی کانن   مترجم: مسعود صابری   ۱۶۰ صفحه

◈ **از انقلاب دوم آمریکا تا ریاست جمهوری کلینتون و اوباما**
نقش پیش‌قراولی سیاهان در مسیر انقلابی در ایالات متحده
اثر: جک بارنز   مترجم: افشین صدرایی   ۱۳۶ صفحه

◈ **دو جهان در شب**
میراث امپریالیسم و راه پیشرفت اجتماعی و فرهنگی
اثر: جک بارنز   مترجم: ناصر یکتا   ۱۶۰ صفحه

◈ **صفحاتی از تاریخ: زنان و انقلاب**
اثر: ماری ـ آلیس واترز   مترجم: مسعود صابری   ۱۰۴ صفحه

◈ **تاریخ ما هنوز دارد نوشته می‌شود**
روایت سه ژنرال چینی ـ کوبایی در انقلاب کوبا
مترجم: ناصر یکتا   ۳۲۰ صفحه

◈ **صداهایی از زندان**
پنج کوبایی
مترجم: ناصر یکتا   ۱۱۲ صفحه

◈ **من همانگونه خواهم مُرد که زیسته‌ام**
۱۵ نقاشی آبرنگ از آنتونیو گوئررو
به مناسبت پانزدهمین سالروز زندانی شدن پنج کوبایی در ایالات متحده
مترجم: ناصر یکتا   ۴۰ صفحه

◈ **این پنج کوبایی**
آن‌ها کیستند، چرا علیه‌شان پاپوش‌دوزی شد، چرا باید آزاد شوند
مترجم: ناصر یکتا   ۱۳۲ صفحه

◈ **مالکم ایکس، رهبر انقلابی طبقه‌ی کارگر**
اثر: جک بارنز   مترجم: افشین صدرایی   ۲۰۸ صفحه

◈ **چهره‌ی در حال تغییر سیاست در ایالات متحده**
سیاست‌های طبقه‌ـکارگری و اتحادیه‌ها
اثر: جک بارنز   مترجم: شهره ایزدی   ۲۴۰ صفحه

◈ **سرمایه‌داری و دگردیسی آفریقا**
گزارش‌هایی از گینه‌ی استوایی
اثر: ماری ـ آلیس واترز، مارتین کُپل مترجم: مسعود صابری ۱۹۲ صفحه

◈ **انقلابی که به آن خیانت شد (چاپ دوم)**
اتحاد شوروی چیست و به کجا می‌رود؟
اثر: لئون تروتسکی مترجم: مسعود صابری
۳۶۰ صفحه

◈ **اولین و دومین بیانیه‌ی هاوانا**
مانیفست مبارزه‌ی انقلابی در قاره‌ی آمریکا، مصوب مجمع ملی مردم کوبا
مترجم: ناصر یکتا
۱۴۴ صفحه

◈ **تحول آن‌ها و تحول ما**
اثر: جک بارنز
مترجم: مسعود صابری
۱۲۸ صفحه

◈ **سرمایه‌داری و تخریب محیط زیست**
اثر: جک بارنز، ماری ـ آلیس واترز و استیو کلارک
مترجم: حامد شمس
۸۰ صفحه

◈ **کوبا و انقلاب آینده آمریکا**
اثر: جک بارنز
مترجم: مسعود صابری
۱۷۶ صفحه

◈ **مالکم ایکس، نتایج و چشم‌انداز مبارزات سیاهان در ایالات متحده**
ختم دیکتاتوری سرمایه، ختم نژادپرستی
اثر: جک بارنز
مترجم: افشین صدرایی
۱۷۲ صفحه

◈ **آیا انقلاب سوسیالیستی در ایالات متحده امکان‌پذیر است؟**
اثر: ماری ـ آلیس واترز
مترجم: مسعود صابری ۹۶ صفحه

◈ **زمستان داغِ طولانی سرمایه‌داری شروع شده است**
اثر: جک بارنز مترجم: مسعود صابری ۱۵۲ صفحه

◈ **مانیفست کمونیست (چاپ چهارم)**
اثر: کارل مارکس ؛ فردریک انگلس مترجم: مسعود صابری
۱۰۴ صفحه

◈ **سوسیالیسم: تخیلی و علمی (چاپ دوم)**
با مقدمه‌ی جورج نوواک
اثر: فردریک انگلس مترجم: مسعود صابری ۱۲۸ صفحه

◈ **شورش تیمسترها (چاپ دوم)**
فصلی از تاریخ اتحادیه‌ها در آمریکا
اثر: فارِل دابز   مترجم: مسعود صابری   ۳۴۸ صفحه

◈ **امپریالیسم، بالاترین مرحله‌ی سرمایه‌داری (چاپ دوم)**
اثر: ولادیمیر ایلیچ لنین
مترجم: مسعود صابری
۱۷۶ صفحه

◈ **ما وارثان انقلاب‌های جهان هستیم (چاپ سوم)**
سخنرانی‌هایی از انقلاب بورکینا فاسو، ۱۹۸۳- ۱۹۸۷
اثر: توماس سانکارا
مترجم: مسعود صابری
۱۱۲ صفحه

◈ **فمینیسم و جنبش مارکسیستی،**
آیا سرنوشت زن را ساختار بدنش تعیین می کند؟ **(چاپ سوم)**
اثر: ماری- آلیس واترز، و اولین رید
مترجم: مسعود صابری   ۱۲۰ صفحه

◈ **تروتسکی آن‌ها و تروتسکی ما (چاپ سوم)**
اثر: جک بارنز
مترجم: مسعود صابری
۱۹۲ صفحه

◈ **نسل‌کُشی سرخپوستان (چاپ دوم)**
نقش آن در صعود سرمایه‌داری در ایالات متحده
اثر: جورج نوواک
مترجم: مسعود صابری
۸۰ صفحه

◈ **امپریالیسم ایالات متحده جنگ سرد را باخته است (چاپ دوم)**
اثر: جک بارنز
مترجم: مسعود صابری
۳۰۴ صفحه

◈ **مارکسیسم و تروریسم (چاپ سوم)**
اثر: لئون تروتسکی
مترجم: مسعود صابری
۶۴ صفحه

◈ **نظری گسترده بر تاریخ (چاپ سوم)**
اثر: جورج نوواک
مترجم: مسعود صابری   ۸۰ صفحه

◈ **چشم‌انداز دگردیسی در آموزش (چاپ سوم)**
خدعه‌ی اصلاح تعلیم و تربیت در سرمایه‌داری
اثر: جک بارنز   مترجم: شهره ایزدی   ۶۴ صفحه

◈ **پورتوریکو: مستعمره‌ی ایالات متحده (چاپ دوم)**
«استقلال یک ضرورت است»
اثر: رافائل کانسل میراندا
مترجم: سیاوش سماواتی
۹۶ صفحه

◈ **ساختن تاریخ (چاپ دوم)**
مصاحبه با چهار ژنرال نیروهای مسلح انقلابی کوبا
مترجم: سروش محبی
۲۳۳ صفحه

◈ **تحول در دریا (چاپ سوم)**
دگرگونی سیاسی در بطن ایالات متحده
اثر: جک بارنز
مترجم: شهره ایزدی
۶۴ صفحه

◈ **ما بردگان تا به کجا آمده‌ایم! (چاپ چهارم)**
آفریقای جنوبی و کوبا در دنیای امروز
اثر: نلسون ماندلا و فیدل کاسترو
مترجم: مسعود صابری
۱۱۲ صفحه

◈ **مالکم ایکس با جوانان سخن می‌گوید (چاپ دوم)**
اثر: مالکم ایکس
مترجم: مسعود صابری
۱۶۸ صفحه

◈ **اعتلای زن و انقلاب آفریقا (چاپ دوم)**
اثر: توماس سانکارا
مترجم: شهره ایزدی
۹۶ صفحه

◈ **گام‌های امپریالیسم به سوی فاشیسم و جنگ (چاپ دوم)**
اثر: جک بارنز
مترجم: شهره ایزدی
۱۹۶ صفحه

◈ **شلیک اولین توپ‌های جنگ جهانی سوم (چاپ دوم)**
علل تهاجم واشنگتن علیه عراق
اثر: جک بارنز
مترجم: شهره ایزدی
۲۲۴ صفحه

◈ **انسان و سوسیالیسم در کوبا (چاپ پنجم)**
اثر: چه گوارا و فیدل کاسترو
مترجم: شهره ایزدی
۸۸ صفحه

Also from Pathfinder:

The Clintons' Antilabor Legacy: Roots of the 2008 World Financial Crisis

In *New International no. 14*

Jack Barnes Explains that "the Clinton administration was responsible for decisive steps enabling the U.S. rulers to erect the enormous edifice of household, corporate, and government debt, and its accompanying array of derivatives, that are at the foundation of the current world financial crisis."

Capitalism's Long Hot Winter Has Begun

Jack Barnes Today's sharpening interimperialist conflicts are fueled both by what will be decades of economic, financial, and social convulsions and class battles and by the most far-reaching shift in U.S. military policy and organization since the late 1930s, when Washington prepared to transform the Asian and European wars into World War II. Class-Struggle-minded working people must face this historic turning point for imperialism, this cataclysmic crisis for "the West" and for "Christendom." And draw satisfaction from being "in their face" as we chart a revolutionary course to confront it. New International no. 12 also includes: "Their Transformation and Ours," Socialist Workers Party Resolution, and "Crisis, Boom, and Revolution: 1921 Reports by V.I. Lenin and Leon Trotsky."

Our Politics Start With The World

Jack Barnes The huge inequalities between imperialist and semicolonial countries, and among classes within almost every country, are produced, reproduced and accentuated by the workings of capitalism. For vanguard workers to build parties able to lead a successful revolutionary struggle for power in our own countries, says Jack Barnes, our activity must be guided by a strategy to close this gap. "We are part of an international class that itself has no homeland. That's not a slogan. It is a recognition of the class reality of economic, social, and political life in the imperialist epoch." New International no. 13 also includes: "Farming, Science, and the Working Classes" by Steve Clark and "Capitalism, Labor, and Nature: An Exchange" by Richard Levins, Steve Clark.

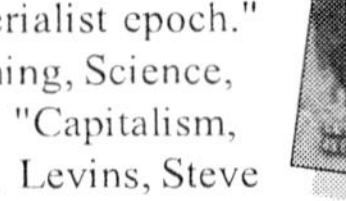

This book is a Farsi translation of

50 Years of Covert Operations in the US

Washinton's Political Police
and the American Working Class

by
Lary Seigle, Farrell Dobbs, Steve Clark

ISBN for the English version 978-1-60488-063-2
Liberary of Congress Control Number 2014931671
ISBN for Farsi version 978-964-5783-33-2

Translated by
Masoud Saberi

Farsi publisher:
Talaye Porsoo Publications
P.O. Box 13955-343
Tehran – Iran
www.talayeporsoo.com
info@talayeporsoo.com/ntalaye_p@yahoo.com

This book is a Farsi translation of

50 Years of Covert Operations in the US

Washinton's Political Police
and the American Working Class

by
Lary Seigle, Farrell Dobbs, Steve Clark

ISBN for the English version 978-1-60488-063-2
Liberary of Congress Control Number 2014931671

Pathfinder Press
www.pathfinderpress.com
pathfinder@pathfinderpress.com